道行く人もみなお客様
路人也是顾客

[日]**松下幸之助** —— 著
艾薇 —— 译

人民东方出版传媒

东方出版社
The Oriental Press

[日]**松下幸之助**

松下电器（现"松下株式会社集团"）创始人。

1894年，出生于日本和歌山县。9岁时，独自到大阪当学徒。23岁开始创业，一路带领企业成长为全球性集团。1932年，产生了自己的哲学——松下哲学。1946年，创办PHP研究所。1987年，应中国政府之邀在华建成合资工厂。1989年去世，享年94岁。2018年，荣获中国政府颁发的中国改革友谊奖章，被誉为"国际知名企业参与我国改革开放的先行者"。

代表作有《道：松下幸之助的人生哲学》《天心：松下幸之助的哲学》《道路无限》《开拓人生》。

目 录

第一章　做客户的管家 / 001

彰显传统精神　/ 003

积极是发展的基础　/ 005

强化技术，完善经营体制　/ 007

成立综合研究所　/ 009

每件产品都要彰显诚意　/ 012

做顾客的管家　/ 013

自发的责任感是关键　/ 015

弘扬固有之美　/ 018

普及"正确的奉献"　/ 020

厚利多销，带动消费繁荣　/ 022

开辟光明命运之路　/ 024

用头脑摆脱贫困　/ 025

政治缺乏繁荣理念　/ 027

国运取决于国民 / 028

第二章　经营要依靠众人的智慧 / 031
　　始于通缩、终于通缩的一年 / 033
　　实施四本部制 / 035
　　本年度形势 / 037
　　坚守传统 / 039
　　提高技术和品质 / 040
　　满足群众的期待 / 043
　　既要独立自主，又要寻求协作 / 045
　　人各有所好 / 046
　　正确的竞争方式 / 048
　　资本主义和民主主义 / 050
　　依靠众人的智慧来经营 / 052
　　松下电器的前景 / 053

第三章　未来五年的展望 / 057
　　年度经营方针发布会反映企业增长情况 / 059

目 录

正确评价自己 / 060

战后暗淡的第一步 / 061

七种限制 / 063

财阀指定的抗诉 / 065

解除公职后的不可思议之事 / 066

感谢各位工会成员的合作 / 067

五年的断肠之念 / 069

之后的五年,公司快速发展 / 071

一阳来复的迹象 / 073

痛苦不是人生本态 / 074

五年后销售额达到八百亿日元 / 076

执行与大众的无形契约 / 079

五年后研究费用达到十亿日元左右 / 081

积极交换技术 / 083

把人才培养放在首位 / 084

保障代理商、零售店铺的合理利润 / 085

以奉献得到奉献 / 088

优秀的谏言者——工会 / 089

第四章　更严格，更认真　/ 093
　　把荒年变成丰年的决心　/ 095
　　生意增加，利润却减少　/ 096
　　不会消失的安全感　/ 098
　　自负心是否在作祟　/ 100
　　斟酌着使用经费　/ 101
　　无法判断事物价值　/ 103
　　唯有满足严格的要求　/ 106
　　千里之堤毁于蚁穴　/ 108
　　坚决改革销售制度　/ 110
　　对不起诚恳的代理商们　/ 112
　　爱斯基电机的伟大飞跃　/ 114
　　划时代的创意努力　/ 118

第五章　供应商和行人都是顾客　/ 123
　　发布会的盛况体现公司的发展　/ 125
　　完全达成了去年的目标　/ 126
　　发展态势良好也不要疏忽大意　/ 127
　　远没达到内在充实的程度　/ 129

目 录

"我好，别人也好" / 131

被诽谤也不批评 / 134

我们应该做什么 / 134

作为产业人的真正骄傲与喜悦 / 137

确保合理的利润才是真正的经营 / 138

提高销售公司的经营能力 / 139

调动干部的所有热情 / 141

绝不原地踏步 / 143

每家工厂都达到世界水平 / 145

供应商和路人都是顾客 / 146

积极鼓励技术人员前往海外留学 / 149

凡事皆有度 / 152

人事交流、薪酬和工会问题 / 153

正当把握和发挥自己的本质 / 156

第六章　不断磨炼本领了吗 / 159

松下电器以人为本 / 161

发挥领先一步的实力 / 162

经营不善的摄影公司 / 163

迅速果断的经营 /164

举办比赛，提高实力 /166

实用价值与有生命力的设计 /169

设计段位、经营段位 /171

保持热情，三年就会有改变 /172

培养生产物美价廉商品的综合生产实力 /174

工作中的训练 /175

发挥部下力量的领导者 /176

要求速度的时代 /178

磨炼手艺 /179

美苏竞争中快速发展的太空科学 /181

第七章　五年后实行双休日制 /183

即使是星期天，一月十日也按例召开
发布会 /185

去年公布了十三项方针 /186

四年实现五年计划目标 /188

企划本部——科学经营 /190

以合议制度为基础，建立迅速决策机制 /192

目录

今年应该做什么 /195
出口翻了一番 /198
为了确保合理利润,还要继续努力 /200
经营者的热情决定公司好坏 /203
社会需求决定存在 /204
思考达到世界高度 /205
人人皆是我们的支持者 /208
今年继续开展技术人员海外派遣 /210
合理调整人员配置 /212
符合社会常识的薪酬体系 /213
为赢得国际竞争,实施周末双休制 /214
对工会真诚以待 /218
集结众人智慧,开展科学经营 /221
设立专门研究所,推进技术革新 /223
松下电器的信誉度与日俱增 /225
谋求海外飞跃式发展 /227

松下幸之助生平年表 /231

第一章

做客户的管家

・没有自我意识、盲从于他人，这样即使有所收获也不会持久。事不躬亲，必然缺乏真意。

・站在消费者的立场上，以客户管家的角度来思考，反复测试产品性能，仔细斟酌产品质量。只有这样才能生产出质量上乘、彰显企业信念的产品。

・薄利多销是资本主义经济缺陷的表现。压低工资强迫工人生产，薄利低价进行销售，这种做法确实能为少数人带来利润，但会让更多的人陷入贫困，引发行业混乱，最终导致国家出现财政危机。

彰显传统精神

按照惯例，我们公司每年都在1月10日公布年度经营方针，因为这一天是戎祭[1]，也就是戎神祈福送财的好日子。松下电器借着这个好彩头，公布每年的经营方针。

遵循这一传统，今天我们齐聚于此。看到各位精神饱满的样子，我心中感慨万千，充满喜悦。我们每年都在这一天相聚。第二次世界大战后公司的发展并非一帆风顺，但是我们一直互相鼓励，拼命努力。到了今年，相信无论是大家还是我，都感受到了饱满的活力与发展的希望。

从1951年7月开始，松下电器终于恢复了"自由之身"[2]，摆脱了束缚，基于多年经验，重新恢复

---

[1] 在日本，戎是七福神之一，是航海、商业等的守护神，戎祭是人们为祈祷生意兴隆而举行的节日活动。
[2] 第二次世界大战后，松下电器被占领军宣告七项罪名，即指定为受限公司、指定为财阀、指定为赔偿工厂、停止军需补偿企业及特别会计公司、被驱逐公职、控股公司、适用于集中排除法等。

朝气，大踏步向前迈进。这是公司重建的成果。虽然整个行业并不景气，但是我们松下电器作为"逆行者"，开创了复兴发展的先河，公司也实现了顺利的发展。

松下电器强劲的发展势头无疑给行业打了一针"强心剂"，对此我感到无比喜悦。当然我们要清醒地认识到，我们只是先行一步，还未走上理想的轨道，还有许多地方值得我们思考。

去年有件事情值得写入公司发展的篇章，那就是我两次访问了海外。去年（1951年）年初我去了美国，后来又去了欧洲。两次访问不单单是考察，更是出于与欧美优秀公司开展技术和经营合作的考虑。大家在这一点上抱有很大期待，所以我打起十二分精神启程前往国外。

其实我这个人身体并不是很好，所以三十年来一直很讨厌旅行。尽管如此，去年一年我分别前往美国、欧洲，共出差了两次，连我自己都无法相信这一事实。两次进行海外访问其实事出有因。我有一种强烈的使命感，无论如何我都要重振企业，改变日本社会落后的社会现状。

海外访问期间,我一度担心自己能否顺利沟通,"不辱使命"凯旋。我在海外足足逗留了五个月,眼界大开,耳目一新。这里暂且不谈成果,通过两次访问,我自己"重新回归创业的初心,以从头再来的心态,再次意识到自己应当做的事情"。海外访问的成功是全体松下电器人努力的结果,正因为大家顺利完成公司重建,我才得以安心出访海外。

积极是发展的基础

去年是顺利的一年,我内心充满了对大家的感谢,公司终于在隐忍、拼搏之下取得了亮眼的成绩。

我曾一度怀疑松下电器会不会一直萎靡不振。尽管如此,我从没有真正动摇过。在我看来,生意也好,经营也罢,人的一生乃至国家都会经历起起落落。努力跨越这些起伏,命运就会豁然开朗。幸运的是,我的这些想法以心传心,传达给了各位,大家心中的信念甚至是我的几倍，公司上下一心，终于有了今天的成就。松下电器集团迎来了辉煌的1952年，无论是公司还是我，都由衷地感到高兴。

今年是日本彻底独立、自主发展的一年。作为松下电器集团的一员也好，作为日本的公民也好，我们都有理由为之欢欣鼓舞。

今年的基本方针是在去年成果的基础上，推动公司在各方面全面进步。

回首往昔，松下电器集团三十年的历史可以浓缩为"积极"一词。虽然我们的工作曾经遭遇外界百般阻挠，但松下电器人始终积极向上，这是我们公司传统的集中体现，也是松下电器的真正力量。公司的重建需要我们积极摸索技术，探求方向，并将其付诸实践。在这种强烈愿望的驱使下，今年我想向海外探索解决之道，以谦逊的态度积极寻求答案，继续发扬公司的优良传统。

有一个好消息，我们公司计划和总部位于荷兰、在全球开展业务的飞利浦公司合作。1951年10月我再次去了美国，后来访问欧洲，与飞利浦公司就合作一事进行商讨，基本得到了对方认同。为了敲定具体合作方案，最近我准备邀请飞利浦公司的董事来到公司，针对细节进行具体商谈。飞利浦公司和松下电器在技术和经营方面建立了牢固的合作关系，合同细节已经基本敲定，今后会逐渐向大家介绍详细情况。

强化技术，完善经营体制

发扬公司传统，把目光投向海外，寻求更好的知识和方案，积极开展工作，这是公司今年的经营方针之一。引进技术和经营经验时，首先必须建立完善的接收机制。尽管飞利浦公司拥有先进的技术和经营经验，但是如果我们没有完善的接收机制，或者缺少对技术的钻研，就不能充分发挥合作的优势，一切都只是徒劳。因此，我想提升技术团队的水平，完善公司经营体制。

过去，我们公司常被认为是"技术第二"的公司。这是一种误解，但是凡事必有因。扪心自问，我在经营过程中，从未有过丝毫对技术的松懈。但是，在别人看来，公司是将技术放在第二位的。人们常说松下电器的技术人员不受重视，这说明我们还存在不足，需要深刻反省。在反省和改进的基础上，完美吸收引进的技术，这是我们今年的首要工作。

希望今年大家能百尺竿头，更进一步，公司也会竭尽全力，充分发挥各位的能力。只要大家对技术提出意见，我都会侧耳倾听，最大限度解决问题。

强化技术的具体措施方面，首先总公司已经成立了技术部，部长由中尾研究所所长中尾哲二郎先生担任。众所周知，中尾部长品格高尚，具有技术人员的天赋。之前依照战后法律规定，公司一度面临被迫解体的危机，研究所受此影响不得不独立。如今，松下电器又恢复了往日活力，公司发展蒸蒸日上。中尾部长决定回到公司，继续为松下电器的发展竭尽全力，我感到非常高兴。

技术部成立后，我希望公司所有技术部门都要积极开展研究，稳步推进工作。公司各项业务的发展过程中，我希望各位负责人都能遵循这个基本方针全力以赴。为了完全消除松下电器的技术人员不受关注、没有出头之日的负面传闻，我们要努力让技术团队活跃起来。众人拾柴火焰高，大家要广泛建言，希望凝聚全体人员的智慧，找到完美的解决方案。

成立综合研究所

有一点我想和大家展开聊一下，我准备成立综合研究所。

成立综合研究所的想法并不是第一次浮现在我的脑海中，只不过一直没有按照预期实施而已。这里面包括各方面的原因，尤其是战争局势的影响，导致迟迟未能成行。二战后我也曾考虑成立综合研究所，但由于社会大环境的风云巨变，加之前面提到的公司解体问题，我担心公司可能遭遇解散危机，所以将成立综合研究所一事一直搁置。

这是我第三次决心成立综合研究所,我相信这次一定会成功,研究所肯定会顺利发展。除了我们的热忱,种种客观因素也将助推研究所的发展。

把目光投向海外,以美国为例,各大优秀公司都有卓越的研究机构,研究经费也十分充足。通过两次海外访问,我了解了国外研究所的实际发展情况,研究所是公司稳定繁荣的基础,这坚定了我这次成立综合研究所的决心。

起步阶段,研究所并不需要多大的规模,像水珠掉进小溪、波纹逐渐扩大一样,只要我们脚踏实地,一步一步推动研究所发展,十年、二十年,甚至一百年后,与松下电器的发展并行,松下电器综合研究所将成为真正属于国家和社会的公益研究机构,发挥重要作用。

此外,我还想成立松下电器集团自己的设备工厂。工厂与研究所相辅相成,设备工厂可以设计并生产别处买不到的独特设备,将构思的各种产品付诸实践。

去年(1951年)年初赴美访问之际,我在美国采购了最新式干电池生产设备，并参观了一家美国知名的干电池企业，这是我第二次参观那家企业。看到那家工厂的机械设备时，我十分惊讶，因为我采购的"最新式设备"是这家企业里最旧的设备。

这是为什么呢？其实市面上流通的设备都是普通产品。一流企业会选择自己研发并生产特殊设备，而且这些设备绝对不会外传流通。因此，一流厂商拥有的设备要高出市面上流通的普通设备好几个段位。

经历了这件事，我真正认识到只有自主生产设备，企业才会真正发展。不主动吸取教训，没有自己的想法，只依靠别人的力量和金钱，即使买到了设备，也是与一流设备相去甚远的产品。我深切意识到，自己没有想法、不付出努力，就不可能获得真知灼见，这个结论适用于各部门。亲眼看到了一切之后，我决定自己研发方案，将业务做真做好。

除了上述想法之外，我还想引入国外的先进技术，提升公司的技术水平。

每件产品都要彰显诚意

其次是关于制造,这是一个很现实的问题。大家每天绞尽脑汁思考,想知道今天做的东西好不好,成本有没有降低,产品是否实用。实际上,松下电器集团生产的产品基本可以达到良好的程度,但这未必是我们追求的理想境界。

二战后两三年,很遗憾,松下电器几乎所有品类都出现了次品,质量的下降导致我们失去了社会信用。前年,我决心以重新创业的心态再次出发,公司上下一致,结果不可思议的是,产品质量迅速提升。这是公司团结一致的成果,大大超出预期,但是和我们的理想还有距离,我们还可以做得更好。今年,我希望大家开拓思路,争取做得更好。

参观飞利浦公司的时候,有一位董事曾问我:"在日本,一根日光灯管大约多少钱呢?"我回答说:"大概九百日元。"对方吃惊地说:"这么贵呀!"他接着说,"我听说日本的工资很低,既然工资这么低,为什么产品必须卖那么贵呢?"

荷兰的日光灯价格是日本的一半左右。日本日光灯使用寿命大约是三千个小时，飞利浦却可以做到七千个小时，而且薪资水平是日本的四倍。公司不仅正当地获得了利润，还实现了繁荣。

正如这个事例所示，我们还有很大的发展空间，还有很多地方可以改善和提高。无论是负责销售的人还是从事生产的人，大家都要积极参与产品改良。松下电器的产品质量毫无疑问，这一根本理念没有问题，但现实生活中，我们不能不做任何思考和判断，就将产品直接推向市场。

在去年十一月的例行厂长会议上，我们做出了零次品的承诺。然而时至今日，偶尔还有次品出现，对此各方都负有责任。我们要共同思考，团结努力，确保今年不生产一件次品，市面上流通的所有松下电器产品都是优品。

做顾客的管家

对于所有产品，我们都要站在顾客购买产品的立场上，从顾客管家的角度出发，反复验证性能和质量，重新审视产品功能。工厂如此，销售部门也要以同样的心态严格进行验收，只要有一点不满意的地方，就要退回工厂重新调整。通过这种方式，不断提升对优质产品的追求，推动企业生产进入良性循环，为顾客提供饱含松下电器信念的优质产品。

好的产品不仅需要工厂内部努力，还要结合销售部门的需求，多番研究后才能大功告成。从这个意义上来说，今年公司计划在生产全环节认真开展质量管理，今后也会将质量管理贯彻到底。全国各行各业都十分关注质量问题，这直接关系到公司经营的整体信誉，也是大家眼下面临的现实问题。希望大家无论身处何种岗位和立场，都要秉持高度责任感，思考并找到最佳方案，彻底做好品质管理工作。

如何生产物美价廉的优质产品也是我们必须思考的问题。我们公司的方针是优化原料采购环节，改良制造工艺，提高员工待遇，生产物美价廉的优质产品。其中涉及的基本问题之一就是涨薪，没有民众的增收，国家就不可能繁荣，行业就不可能稳定，生活水平就无法提高。生活水平的提高自然会促进消费，推动生产，经济发展也会欣欣向荣。

目前日本工资水平普遍处于较低水平，虽然工资低，但是企业经营都还不错。在隔海相望的美国，员工的工资待遇更好，企业经营利润丰厚，企业发展十分稳定。我们松下电器也想追赶这个潮流，提高公司收益的同时提升员工待遇。

需要谨记的一点是，企业不能也不可以通过削减利润来提升员工工资。通过什么方式可以提升收益、增加工资呢？我觉得完全可以效仿欧美，我有信心实现这一目标，解决的方案就在于改变员工的想法。

自发的责任感是关键

欧美各国繁荣的原因在于每个人都具有责任感。员工主动承担并完成上级委派的工作，不需要外界的各种监督。此外，工作中没有思想或精神层面的对立，这也是原因之一。美国当然也有劳资纠纷，但这不是思想或精神层面的问题，归根到底只是经济问题。双方会围绕增收问题进行交涉，但根本目的是协调合作，提升企业经营水平。矛盾即使演变成罢工，引发社会舆论，归根到底也只是一种大规模的社会和政治手段，并不是反对公司的行为。实际上，各方并不存在私人纠纷。换句话说，员工想说说，想做做，对事物有着自己正确的判断。

去年一月在美国访问期间，我参观了一家知名工厂，当时听说企业有4万名员工，十月再去的时候就听说辞退了8500人。这次裁员事件是否引发了危机呢？答案是并没有，员工们充分理解公司的决定。不过，当对方听到我说日本没有解雇津贴一事时着实吓了一跳，这反映出美国及美国国民的想法。

美国社会的常识是，业务繁忙时增加人手，不忙的时候就会解雇多余的员工。业务减少却继续雇用多余的员工，这不仅不道德，而且也不正确。

被解雇的人失去工作时，国家有责任对其进行救济，并在合适的时候向失业者介绍工作，以保证其生活稳定，这些费用一般来自经营正常的企业所缴纳的税金。日本各家公司都在考虑失业对策，但是美国由国家来应对失业问题，这种做法明显更加正确。

松下电器的根本方针是不让任何一位全心全意为公司服务的员工掉队，员工们竭尽全力，推动企业繁荣。这一点不会改变，但是把目光投向海外，看到美国的繁荣之后，我们应当积极学习，主动引进先进方式，改进日本的生活方式、社会习惯。

我们坚信通过公司上下的努力，一定可以找到生产大量物美价廉产品的方法。履行职责，创造富足的生活，这是人类被赋予的特权。理解并传递这种理念，我们还任重道远。

上面这番话是我的基本态度，希望大家可以秉持创新、顽强的研究精神，改进生产制造的各个环节。

弘扬固有之美

接下来我想谈谈人事和行政。出于慎重，我提前进行了很多思考。

二战后六年，受到各种事态和社会形势的影响，当然有很多不得已而为之的因素，公司的人事行政出现了流于形式、浮于表面的问题。今年我想改变这一点，用心推动人事工作发展。

万物皆有色彩与高低，因此产生了美。人也是如此，待遇相同，事事平等，这并不是正确的做法。仅凭待遇的高低并不能区分人的尊贵程度，人类的尊贵是固有的，是没有差别的。但是，每个人的固有之美、每个人的味道是千差万别的。一个人在工作中的努力状态体现出人的固有之美和生命活力。

希望从事人事行政工作的各位谨记这一基本原理，将它融入自己的信条，出色完成人事工作，让所有员工满意。

前面我谈到了本年度的经营计划，计划的实施需要大量资金。这种情况下，我们更要相互加深理解，互相鼓励，砥砺前行，增加合理收入，坚持行动目标，努力提高利润，积累资本，合理使用各项经费。

借此机会，我想呼吁大家寻找有效合理的经费使用方法，以严肃认真的工作态度真正巩固经营基础，将松下电器打造成任何情况下都不会搁浅的巨轮。

如果尝试失败，历经六年艰辛获得的宝贵经验、付出的各种努力都会化为泡影。没有什么比经费膨胀更可怕。无须吝惜经费不意味着可以挥霍经费，尤其现在是向海外拓展、确立未来发展方向的关键时候，我们一定要节约开支，积累宝贵的资本，现在比以往任何时候都更需要我们做到这一点。经过公司上下的共同努力，目前松下电器集团收益稳定，但是今后如果扩大业务，公司还没有足够的资金储备，这是不可否定的事实，资本积累是公司的当务之急。

我对公司的发展其实有喜有忧，一方面希望之舟终于出海远航了，另一方面，燃料储备并不充足，还不足以支撑远洋航行。希望公司上下砥砺互勉，减少浪费，助力公司取得更加辉煌的成绩。

普及"正确的奉献"

销售同样十分重要，激烈的销售竞争随处可见。要打赢销售这场硬仗，除了生产优质产品外，还要善于巧妙推销，学会打动用户。

日本三大强电制造商分别是日立、东芝和三菱。三大制造商产品相似，为了巩固优势，三家公司展开了激烈的竞争。三大巨头的技术堪称一流，这方面差别不大，因此销售政策直接决定了哪家公司更有优势。现阶段的销售情况、销售策略直接决定着三家公司未来的发展。看到这种情况，我更加感觉到了销售的重要性。

从这三家公司的情况来看，首先，想复刻三家公司的设备至少需要百亿日元的资金，再加上难以估量的技术投入，算下来总投入将远超百亿日元。

也就是说，其他公司根本无法企及三大巨头，行业的头部竞争只在三家公司之间展开，其他公司想参与也没有途径。这是一种特权，只要这三家公司之间不开展极端鲁莽的销售竞赛，未来都可以高枕无忧。

再看我们公司，目前松下电器并不是没有竞争对手，竞争对手还不止四五家，很多小公司也可以参与竞争。尤其是干电池、灯泡之类的产品，竞争对手数都数不过来。公司并不拥有特权，立场也不特殊，如果没有每天坚持斗争的信念，我们将无法生存。

松下电器三十年的发展历史堪称顽强斗争的历史。公司各部门始终胸怀社会，坚持光明磊落的竞争手段。这是我们的骄傲，尽管履行起来十分辛苦。松下电器的产品很多人都能做，为了切实维护公司当下的业务，我们必须坚定信念，寻找更加精准积极的方案。

销售方面，公司计划进一步强化销售网络，确立松下电器独有的产品销售策略。这也有助于稳定全国的经销商、代理商及其员工，充分满足全国消费者的需求，提供更加完善的服务。

厚利多销，带动消费繁荣

所谓的"薄利多销"会扰乱行业的整体发展。薄利多销其实是资本主义经济缺陷的表现，是缺乏社会性、自私自利的销售方式。换句话说，薄利多销就是企业降低工资、强迫工人生产和工作的行为。薄利多销也许能让个别人暂时赚到钱，但是会让很多人因此陷入贫困，引发行业混乱，最终导致国家贫困。

我们必须纠正这种导致贫困的错误经济观念。换句话说，只有让厚利多销和优渥薪酬成为社会共识，我们才能与繁荣的美国并驾齐驱。薄利多销是牺牲他人、一人富裕的销售方式。而我们的策略——厚利多销才是真正带动消费繁荣，促进消费和生产的销售方式。

为了推广、普及这一想法，今年松下电器的方针是打造彻底的、创造性的销售网络。我们首先需要做的是重建和稳定公司，引领整个行业平稳发展。这绝不是我独断专行，也不是随意夸下海口，通过（自行车）轮胎销售的实例，我们已经验证了这种方法的可行性。

去年松下电器下定决心，要重启轮胎业务，重新恢复往年活跃时的销售水平。当时轮胎行业一片惨淡，与电器行业相比，轮胎行业的销售额虽然高出三倍之多，但是业务十分不稳定，很多轮胎企业相继破产。我们电气行业，一流的明星产品使代理商普遍可以获得一成利润，因此整个行业十分稳定。反观轮胎行业，即使是一流产品，利润也只有4%—5%。每家企业的经营情况都不稳定，企业和整个行业没有任何繁荣的迹象，企业对利润也没有追求，行业规模虽然数倍于电气行业，却几乎看不到希望的曙光。与轮胎行业形成鲜明对比，电气行业始终保持稳步发展态势，这其实是我们松下电器推动的结果，是松下电器坚守信念的成果。尤其在看到美国的情况之后，我更加坚定了自己的信心。

为了行业的进一步繁荣，松下电器会继续维持、巩固当前的稳定局面，这需要建立更加稳定的销售网络。与其他行业相比，我们的成绩一目了然，大家也在不断巩固成果。希望今后可以继续普及这一理念，树立真正丰富的人生观、世界观。松下电器将始终坚持这一理念，为社会提供更加丰富的服务。

具体措施方面，今年松下电器计划在全国成立五十家分期付款销售公司，真正激活产品的市场销售。通过这种方式，松下电器将向真正有价值的企业迈进一大步。

开辟光明命运之路

近来，营销、广告越来越重要。去年六月，我把各事业部的营销岗统一纳入总公司管理。近半年来，我兼任营销负责人，推动营销工作大力发展，松下电器的营销工作获得了同行和业界的一致好评。

一直以来，我始终要求从事营销、广告业务的各位专业人员，首先要坚持自己的想法，不管这想法是对还是错。我能察觉到，营销部门的同事有时会感到矛盾，有时会对紧急工作感到焦虑，大家付出了语言无法形容的辛劳。时至今日，我们有了自己独特的营销格调和品位。不仅仅是营销工作，我希望其他部门的员工也要尝试他人不做之事，日日图新，不断进步。

遇事漫不经心，人就很难成就伟业，人要多历经启蒙和锻炼才能进步。当言则言，当做则做，日复一日，不断努力，命运之门才能向你敞开。刚刚我是以营销部门为例讲的，希望其他部门的同事也要有这种信念，共同推进工作。我也会坚持这种态度，践行松下电器集团的重要使命，推动公司继续发展。

用头脑摆脱贫困

构思今年公司发展战略的时候，其实我也预想了各种可能发生的困难。无论历经多少磨难，我始终相信困难是希望的前奏，我们一定会战胜不可能，通过我们共同努力，一切目标都可以实现。

刚才提到了日光灯，日本售价九百日元的日光灯，飞利浦公司却可以以约一半的价格大量出售。日光灯的寿命是日本产日光灯的两倍以上，飞利浦员工的工资是日本员工的数倍，而且飞利浦公司还能获得巨额利润，这一事实值得我们反思。

按照常规想法，我会认为这种情况不可能发生，但是飞利浦公司确实取得了这样亮眼的成绩。飞利浦公司位于荷兰，是不是荷兰的发展条件更好呢？答案是否定的。荷兰与日本一样，几乎没有铁、煤等工业原料，是一个以农业和乳畜业为主的国家，工业原料严重依赖进口。荷兰国土面积与北海道相近，由于国土狭小，产品销路少，大部分产品销售都依赖出口。

进出口贸易虽然麻烦，但是飞利浦公司却取得了成功。这是头脑的问题，飞利浦公司积极思考如何解决问题、如何过上美好生活，最终取得了优异的成绩。虽然荷兰是资源和政治上的小国，但飞利浦公司的成功证明了充分发挥国民的聪明才智完全可以解决问题。

想到日本的贫困，再看看荷兰的勃勃生机，我仿佛获得了巨大勇气。日本人在国民素质、个人素养方面逊于荷兰人吗？我并不这么认为。整体生活面貌方面，日本也许相形见绌，这是因为我们对社会生活的了解程度更低，而且疏于寻找提升的方法。

政治缺乏繁荣理念

日本人个人素质并不差，只要在社会生活、共同生活等方面有更好的思考和规划，我相信日本毫无疑问会更加繁荣，作为主体的日本国民也会受益更多。

有人说日本贫困的原因在于人口过剩。虽然人口多，但是只要日本人民充分发挥聪明才智，积极努力向上，人口多就绝不会成为贫困的原因。日本具备诸多优良条件，应当不断学习，虚心求教，谋求发展，认识到个人使命的重要性与关键性，我坚信在飞利浦公司看到的繁荣景象一定会在松下电器实现。

我有信心将股东的红利翻倍,将员工的工资提升到现在的三倍,大量出口松下电器物美价廉的优质产品,稳步提升公司收益,逐步增加公司的资本积累,推动公司在繁荣的道路上一路前行。这种自信没有任何夸张、虚荣或无脑乐观的成分。

只有一点会影响我们的信心、成为努力前行的障碍,这就是国家行政的"贫困"。今时今日,日本的政治缺乏繁荣的理念,很多政策都没有发挥国民劳动成果的积极作用。

充分激发国民劳动的积极性,这是政治家的责任,但是日本的政治家在这方面并未觉醒,依然用封建主义的思维方式看待事物,以权力为中心推进社会秩序,左右国民的劳动走向。作为日本国民,我认为日本政府需要重新审视自己的做法。

国运取决于国民

就这件事而言,可以说政治家做得并不得当,但我们更应该思考，为什么国民对政治如此漠不关心。如果民众高度关注政治，为了响应国民的要求，政治会逐渐向好的方向转变。

无论推进什么工作，我们都要保持一种政治心态，引导政治向有利于发挥劳动成果的积极方向前进，构筑正确而繁荣的生活。不仅自己有所思考，还要号召其他人行动起来，说出自己的真实想法。我不知道达到这种理想状态还需要多少年，当然这不是一朝一夕可以完成的事情，但不管需要多少年，我们都要坚定信心，相互推进。只有这样，民族和国家的繁荣才能稳步实现，这也是独立自主国家的存在意义。今年我们踏出了第一步，迎来了值得长久铭记的第一年。

以上是我对1952年公司经营基本方针的简单想法和计划，衷心期待与大家精诚合作，共同奋斗。

松下电器1952年经营方针发布会
1952年1月10日
于松下电器总公司修养室（大阪）

第二章

经营要依靠众人的智慧

・大众极其贤明公正。满足贤明公正的大众的期待,做好顾客服务,这是事业经营的根本。

・与飞利浦公司合作并不是为了获得帮助。技术各有高低,合作的目的在于互相学习,推动社会生活繁荣。从根本上讲,企业发展还是要依靠自身力量。

・无论多么优秀,一个人的智慧也是有限的。促进经营民主化,提高经济收益,必须借助众人的智慧,充分做好心理准备。

第二章　经营要依靠众人的智慧

始于通缩、终于通缩的一年

按照惯例，今天召开经营方针发布会，我想谈谈自己对今年公司发展方向的想法。原本，这次大会是希望邀请全体员工齐聚一堂，和大家好好聊聊的，但出于会场规模等原因，全员参加并不现实，无奈只能邀请来自各部门的380名干部代表参加。希望大家充分了解讲话内容，回到各自工作岗位后，向部门员工传达今天讲话的要义。

今天时间有限，很多内容没法展开，只能和大家简单分享，请各位见谅。希望大家可以理解今天演讲的主旨。

今年我心情十分愉快，想必大家也是如此。无论是社会形势还是公司的经营，去年接连出现了不景气的状况，令人心情低落。在正式介绍今年公司经营方针之前，我想先和大家回顾并反思一下去年的情况。

去年年初，我同样发表了经营方针，当时我说："1954年通货紧缩形势严峻，公司要做好充分的心理准备来应对。"希望可以借此鼓舞士气,各部门也按照讲话精神制定、执行了应对经济下滑的对策。

尽管经济在如预期那般发展,但可能是因为紧迫感不足,实际上并没有取得预期的成果。三月到四月,日本经济形势更加严峻,大家终于做好了应对这一情况的心理准备,但成绩依然不乐观。当然,公司在一些方面还是取得了一些成绩,但公司整体并没有做好应对准备,这一事实无法否认。

对此我有责任,各位干部也有责任。公司积极协商、制定并推行了通货紧缩应对方案,尽管应对效果没有切实反映在工作上,但这确实有着客观原因。危机不到来,人很难做出应对,这是人之常情,而且公司的业务一直以来都在顺利发展,所以大家虽然心里意识到经济不景气,但是没有马上体现在实际工作中,这也没有办法。

因为存在这种心态,公司没有及时采取措施应对危机,到了六七月,公司的资金和销售出现问题。尽管公司上下都很担心，却没能及时采取具体措施应对通货紧缩，总公司不得已决定率先砍掉一半经费，发挥带头作用。最终虽然没有达到经费减半的目标，还是成功削减了三分之一。

实施四本部制

与此同时，公司也在推进总部和整体架构的改革。二战后的5年间，公司为了重建成立了各种机构，之后4年，公司并未采取大刀阔斧的改革措施，一直维持原有运营状态。为了明确各方责任，将各项业务有条不紊地统合起来，提升整体经营水平，公司实施了四本部制。具体来说，总公司成立管理、事业、营业、技术四个本部，在此基础上明确体系化的分工。

各本部长分别担任公司各重要职务，我辞去之前兼任的各项职务，专心做好社长工作。如此一来，一方面各本部长可以在各自负责的领域有效推进工作，一方面通过每周召开本部长会议，公司能将各项工作统合在一条基本线上，形成合力，取得成效。

本部长会议制度实施以来，从我自己的切身感受来说，独断专行的错误首先得到了纠正。无论多有把握，独断专行都可能导致错误，让人走错方向。就我而言，虽然我觉得很多决定是好的，但在实际推行过程中失败却出乎意料得多。实施本部长会议制度以来，大家在会议上各自提出意见，交换负责部门的实际情况，积极开展讨论，之后由董事会进行决议，将结果传达给全体员工。以此为契机，公司不断取得成绩。

一方面公司缩减开支，另一方面进行经营合理化改革，终于在年末，我们听到了产品脱销缺货的消息。与此同时，松下电器的产品品质更被认可，原本担心下半年的决算会不尽如人意，结果却远高于预期。在充分掌握公司实际情况的基础上，大家通力合作，取得了这样喜人的成绩，对此我深表感谢。

总之，去年由于通货紧缩政策，公司遭遇了各种困难，公司在组织变更、机构改革、经费节约方面推行了一系列措施，最终在工作方式和经营方式方面取得了长足的进步。利用这次机会，我们可以更加深刻地反省迄今为止一些理所当然的事情。这样想来，对于去年的经济衰退，我们其实要心怀感恩。

本年度形势

一眼望去，今年的形势和去年大不相同。最大的变化是政局发生了改变。长期执政的吉田茂内阁下台，鸠山一郎内阁执政，开始倾听民声。鸠山内阁到目前为止发表了很多全新的政治承诺，这些承诺能否实现暂且不论，日本政府、普通国民和我们经济界人士都希望以此为契机有所改变。

鸠山内阁表示，在经济政策的基调方面，通货紧缩的经济前景并不会改变。这是理所当然的，问题是如何推进和实施经济政策。同一件事情可以有多种解决方式，就像爬山有不同路线一样，有人沿着一条直线走，有人选择绕行；有人穿皮鞋登山，有人穿草鞋……无论选择如何，登顶的大目标不会改变。同样地，经济目标基本是没有大变化的，尽管如此，政府却可以尝试从全新的角度来制定方案，本届内阁是这样承诺的，国民也是这样期待的。

鸠山内阁会怎样回应期待，今后还需要继续观察，也希望国民多关注政治，不断提升认识。不可否认的一点是，鸠山内阁对过去六年间的吉田内阁政策进行了反思，相信这种政治良知会反映在新内阁的政策中，至少政治的推进方式可以胜于以往。

不单单是政局，这也是适用于所有事情的通用法则。正如"三局为定"（前两次即使失败，第三次一般会成功）这句谚语一样，经历了失败的痛苦之后，我们更有可能找到走得通的道路。

今年日本社会、经济等各个方面都进入了转型期，不仅仅是日本国内，国际经济也会有所好转，可谓是内外转变的重要一年。

坚守传统

这种情况下，我们公司该如何应对呢？

答案就是松下电器的方针将始终如一，不会轻易改变。经济形势有好有坏，这是规律。无论如何变化，松下电器践行自身真正使命的基本方针都不会改变。

虽然去年公司受到经济下行的冲击，但是基本平稳过关，根本原因就是公司坚持贯彻了这一强有力的基本方针。如若不然的话，拥有上万名员工和众多制造品类且资金不足的松下电器很可能会受到通货紧缩的波及，动摇公司的发展基础。然而我们成功地克服了困难，摆脱了困境，并且从中得到了许多宝贵的经验，这是一种巨大的成功。在这背后，是我们三十五年来始终坚持的传统精神以及从传统精神中衍生出的不断创新的新型人生观、国家观，它们成了公司的重要基调和底色。

赓续传统，社会发展越来越好，我们也会找到更多积极的解决方案，政府会制定更合适的方针，以此为基础，进一步消除问题和错误。

各位肩负着公司的命运，希望今年公司可以上下一心，适应社会发展需求，推动公司取得强有力的发展。松下电器的员工人数达到了一万名，资本金达到了三十亿日元，不做出相应的成绩，就辜负了社会对松下电器的期待。具体来说，我计划将今年每月的生产和销售目标设定为二十亿日元。这么做既是为了我们自身的发展，也是为了不辜负广大用户、投资者、支持者的期待。此外，全国的松下电器代理商、加盟店表现十分活跃，我们会提供更加优质的服务，与各位供应商、加盟店同人共同努力，推动经营稳步前进。

提高技术和品质

为了实现上述基本方针，首先我们必须提高制造技术水平和质量。公司将以技术本部为中心，继续开展研究，中央研究所作为技术本部的核心机构，也将继续进行升级完善。

未来十年是中央研究所的第一个发展周期。其间，我们不能懈怠，不能掉以轻心，要像乌龟一样坚忍，脚踏实地地前进。尽管在短期内很难取得显著成果，但是只要我们坚持这样做，十年后一定能积累相应的成果。回首过去一年，其实我们的进步已经十分惊人，未来的发展十分值得期待。这样发展下去的话，研究所的成绩会远超公司想象。

干电池制造技术就是一个典型例子。众所周知，去年美国最有实力的干电池制造商R公司、O公司联手进军日本市场，我也受邀参加了发布会。席上R公司的驻日负责人对我说："我们终于要开始竞争了，大家好好加油吧。"听了这句话，我其实很吃惊。日本人面对这种情况一般会寒暄说："让我们好好相处吧。"听到对方坦诚地说"让我们竞争吧"这种话，我对对方的气势和自信钦佩不已。更让我敬佩的是他们毫不掩饰的真诚，坦率表达自己的信念，虚心接受批评，这是一种坦率真诚的姿态。

正因为有这样的态度，R公司才能生产出优秀的产品，成为美国顶尖的制造商。一想到要和这样的公司堂堂正正地开展竞争，我其实还是有些担心的，因为这需要巨大的决心和大量努力。不过技术本部长中尾哲二郎比我更忧心忡忡，因为他是松下电器干电池制造技术部门的负责人。

在松下电器员工的不断努力下，当 R 公司的新产品问世时，我们已经制订了相应的技术和销售方案，松下电器几乎同时推出了毫不逊色的优质产品，获得市场一致好评。我们的 National HYPER 电池在资本、技术、经营方面毫不逊色于外国产品，不仅提升了公司信誉，还拓宽了干电池的销路，希望松下电器常青的声音不绝于耳。这些成果的取得并不单纯为战胜对手，我们充满诚意和热忱，希望通过相互切磋，向社会提供更好的产品。

R 公司刚刚进入日本市场之际，松下电器不会和对方进行无意义的竞争，也不会在价格和销售方面恶意打压，而是通过公平竞争的方式合理销售。我们愿意公布公司的实际情况供市场进行参考，只要各家企业通过公平竞争的方式推动社会发展，松下电器都愿意与之通力合作。

这是我们公司技术进步的一个事例，其中正体现了公司的基本方针。

同样的做法也适用于洗衣机。截至去年夏天，公司的电动洗衣机并未完全满足用户需求。为了弥补不足，公司迅速进行了调整，但是由于工作进展受挫，不得已延迟了量产的步伐，导致市场供应不足。公司再次及时出手应对，迅速进行改善调整，尽管九月之后不是销售旺季，也没有进行特别宣传，每月增产的需求从未断绝。

这是松下电器技术快速进步的证明，市场也会及时反馈，希望今年我们也能再接再厉，继续保持。

满足群众的期待

下面我想谈谈群众良知的公正与贤明。

在日本，一直以来，群众往往容易被当成愚蠢的存在，与其听取群众的意见，还不如寻找智者能人，听取他们的想法。不可否认，群众的做法并非完全正确，但是轻视大众的想法最终必然导致错误的独裁政治、权力政治。

时代不断进步，群众也与时俱进。时至今日，我认为群众极其明智而公正。忽视了这一点，工作就会屡屡犯错。企业经营的根本在于满足贤明且公正的群众的期待，为消费者提供优质产品和服务。我们必须摆正心态，努力推进工作发展。

在此基础上，公司也会进一步推进技术进步，改进生产设备。去年年末，我到访了辻堂（神奈川县茅崎市）的干电池和蓄电池工厂，两家工厂都有很大的改善和进步，干电池工厂的流水线作业进展顺利，速度之快令我惊讶。当我了解到这种进步不是靠命令和指示，而是靠员工的努力和付出做到的时，我深切意识到这才是松下电器的本色，深受感动。

收到指示后及时修改也很重要。只有在各自岗位上不断努力，提升创意，新的产品才会问世，公司才能真正发展。各位干部要对这一点有深刻的认识和理解，当所有的工厂都有所改善时，松下电器才能真正进步发展。

既要独立自主，又要寻求协作

为了在世界经济浪潮中保持独立，与海外发达国家竞争，达到世界水准，我们必须做好心理准备。

不依靠他人的引导，凭借自己的力量创造繁荣，这是松下电器发展的基本思路。坚持这种想法并不意味着不可以寻求他人的协助和指导。松下电器与飞利浦公司合作，并不是为了得到对方的帮助。飞利浦公司技术优势明显，我们向它学习，但是也会支付相应的报酬等。相互学习优点，最终推动社会生活走向繁荣。基于这一宗旨，我们达成了合作伙伴意向，并以这种心态推动公司发展。

美国向其他国家提供了大量海外援助，把美国国民辛勤劳动的成果和金钱援助给海外各国，美国民众对于这种做法有赞成有反对，甚至产生误解。

反过来看，日本能像美国那样援助海外吗？有分析认为身为战败国的日本不具备这种能力，而且就算有了能力也不能马上实现。其实我们如果愿意向海外国家伸出援手，日本的重建可能会更加顺利。

然而今天的日本还在理所当然地接受海外援助。仔细想想看，大概没有比这更荒谬、更愚蠢的事了。十几岁的孩子需要哥哥或父母照顾，这无可厚非。但我们不是孩子，我们拥有独立人权、个体独立发展的权利。接受海外援助是一种卑躬屈膝的行为，我们必须摒弃。

这种矛盾与政治环境息息相关。作为国民，我们要努力打破这种禁锢，培养独立自主的精神，为开拓海外市场打下坚实基础。

人各有所好

松下电器的产品制造工艺在不断完善，从前年开始，各地也新设了不少销售服务机构，但是我们绝对不能满足于现状。今年的竞争预计将比去年

第二章　经营要依靠众人的智慧

更为激烈，为了在公平透明的竞争中获得成功，我们必须进一步强化销售网络。利用万名员工和三十亿日元资本的优势，今年我们将进一步提升经营水平，回应全国代理商、经销商、用户、股东和投资者的期待，夯实公司迈向理想和成功的坚实基础。希望大家充分认识到这一点，为目标的实现竭尽全力。

我还想顺便说一下竞争的问题。去年各制造商、经销商面对激烈的竞争付出了巨大努力，今年竞争将更加激烈。不断有大型电器制造商进入这个行业，经营的难度和行业竞争的激烈程度不断增加。越是这种时候，我们越要开展合理竞争。换句话说，竞争之前我们先要扪心自问，搞清楚什么是对什么是错，然后再去冲锋陷阵。

企业的竞争越来越激烈，大大小小的各类制造商纷纷争夺市场。不少公司拘泥于眼前利益，缺乏反省，要么随意增加赠品，要么任意降价，想方设法扩张自己的地盘，在市场竞争中谋求优势。这种做法固然有其道理，通过竞争扩大了市场，却完全忽视了人性,是一种不当竞争行为。"人各有所好",每个人的喜好各不相同,喜欢 A 的人不一定喜欢 B,有人喜欢某种形状,有人却讨厌这种形状。同一个地方假使有两家咖啡店,客人的喜好也会随之分为两种。刻意降低价格、分发赠品以独占市场的做法并不会成功。消费者的喜好不同,可以挖掘的潜力巨大。就像不同性格的人可以结为夫妇一样,同行也可以和平共存。重要的是创造共存共荣、百花齐放的社会生活。我们要尊重各自的喜好,发挥各自的特长,与志同道合的伙伴建立联系,相互促进,共同走向繁荣。

正确的竞争方式

做生意也是同样的道理,忽略自己的特色,只靠赠品和价格来抢夺市场,这么做绝不会成功。不管竞争多么激烈,独占市场都是违背社会规律的愚蠢行为,是对共同生活属性的否定。

制造商之间的竞争甚至会波及批发商和零售店

铺，最终导致整个行业陷入混乱。迄今为止，我已经多次体验过这种乱局，各方都受到了不良影响。基于松下电器的传统精神，为了行业不陷入混乱，我也做出过各种努力，但是由于能力不足，结果往往并不尽如人意。

但是我们不会放弃，希望今后能通过各种机会消除排他性竞争。行业的发展需要协商共议，同行之间不要互相攻击，而是通过质量和优质的服务开展正当竞争，继而实现整个行业的繁荣。

保持谦虚的姿态，在不影响其他企业正常发展的前提下参与竞争，这种做法听起来容易，做起来却很困难。一旦偏离这一轨道，松下电器所谓的经营理念将沦为空谈，松下电器的存在价值也将变得微不足道。

横纲不是只赢不输的勇士。有时横纲输了，相扑运动的人气反而会上升。为了相扑运动的光明前景，当然要宣传他的强大，这种强大是基于堂堂正正、精彩绝伦的对战的。企业发展也是如此，松下电器人将以此为使命，今后继续努力，推动整个行业走向繁荣。

资本主义和民主主义

我还想聊聊资本主义和民主主义。众所周知，日本如今的经济机构是建立在资本主义原则之上的，人们对于这个资本主义属性的经济机构多有批判。

这里我们不对资本主义的好与坏做出判断，实事求是地说，资本主义的经济属性确实很高，这一点不可否认。纵观世界和日本发展历史，随着资本主义的引入和发展，各国经济发展势头强劲，国力也实现了跃升。然而，资本主义有其固有缺陷。尚未彻底清除封建思想就贸然引入资本主义，或者将资本主义与权力主义相结合，导致财力权力化，掌握资本者凭借资本的力量压迫他人。

如果是这样的话，即使经济取得再大发展，国民都将因此面临不幸。站在全体国民繁荣的立场上来看，这无疑是一种阻碍行为。要纠正资本主义的

第二章　经营要依靠众人的智慧

这种弊端，彰显其优势，前提是建立与之相符的社会思想基础。我认为最好的选择就是民主主义。

民主主义的优点想必大家都知道，通过几次欧美考察，我深刻体会到了民主主义的优势所在。在欧美发达国家，民主主义消除了资本主义的弊端，具有很好的经济效益，而且人性受到充分尊重，自由得到了保护，国家发展蒸蒸日上。

日本在这方面还有很多缺失。特别是由于封建思想的残存，财力权力化现象屡屡出现，排他性的弊端掩盖了资本主义的优点，甚至阻碍经济发展，我们必须严厉抵制。我们要更加关注民主主义的发展，在民主主义共识的基础上发展资本主义，充分发挥资本主义的经济特性。只有这样才能拓宽日本繁荣发展的道路，消除业界无意义的恶性竞争，实现共存共荣的发展目标。

基于这样的想法，松下电器今后将进一步努力实现经营民主化，发挥资本主义的真正经济特性，使其成为国家繁荣的重要支柱。

路人也是顾客

依靠众人的智慧来经营

为了实现经营民主化，提高经济效益，必须集合群众的智慧，尊重群众的力量。不挖掘群众的潜力，只依靠一个人的智慧来指挥，这样的发展极其有限。只依靠一人之力推动国家发展，即使一时成果显著，最终还是会陷入僵局，诸如拿破仑、凯撒①等都是典型的例子。虽然华丽的姿态风靡一时，最终结局却是悲剧。

现在世界上最繁荣的国家是美国，其实加拿大的发展也很迅速，大有超越美国之势。加拿大和美国一样，每四年进行一次总统选举，实施协商政治制度。加拿大政府站在民主主义的立场上，依靠民众的智慧治理国家，气氛一片和谐。没有什么惊天动地的壮举，也没有什么特别的民族英雄，加拿大政府只是坚持不懈，重复着平凡而又踏实的政策。

---

① 第一次世界大战时的德国皇帝威廉二世。在位时间为1888年—1918年，一般被称为"凯撒"（大帝），威廉二世因"牛角胡"而闻名。

松下电器的繁荣源于全体员工的智慧，公司的经营也要设定合理范围。员工的智慧是我信心的来源，希望今天参会的各位本部长、部长、所长、课长，乃至全体员工都要认识到这一点，部门内部精诚合作，各自充分发挥优点。

在松下电器，独善其身是最大的禁忌。有能力的人往往希望对方相信自己，按照自己的想法来执行。即使方案很优秀，工作推进得很顺利，这种做法也会很快带来自以为是的弊端，削弱以人为主体的活动，阻碍事业的发展。

有能力的人要学会依靠众人的智慧，经常思考，转变观念，培养人才，提升员工能力。只有具备这种思想，生产和销售成果才能大大提升，才能实现公司的使命。

松下电器的前景

前几天，应公司内刊《松风》的要求，我和年轻员工们共同召开了一次座谈会。会上有员工问我："社长，您想把公司扩大到什么程度呢？"我觉得这个问题很有意义，这样回答道："无论如何都要踏实地把公司做大，这既是我的愿望，也是大家的愿望。但是，我们的公司是始终与社会同在、与社会共同发展的。如果我们的工作有问题，即便我们再怎么希望公司发展，社会也是不会答应的。换句话说，公司规模是由社会根据我们的工作态度来决定的。"

无论是大家还是我，作为产业人士，只要抱着正确的心态去工作，公司就会有无穷无尽的发展潜力。相反，忘记了社会使命的公司很难长久立足，企业扩大的决定权在于社会。正因为如此，松下电器人才更应该经常反省，以谦虚、诚实的心态努力开展工作。

综合来看，今年是经济的重要拐点，我们期待今年的形势好于去年。今年也是决定公司进退的重要一年。希望全体员工正确认识形势，凝聚松下电器的力量，集思广益，大踏步实现发展。社会的判断公正严明，只要我们努力发展，公司的潜力将不断拓展。

虽然还有很多话想和大家分享,但是已经到了预计结束的时间。今天的讲话先到这里,由于时间有限,我只讲了个梗概,还请各位见谅。回到各自的岗位后,还要劳烦各位向部门员工传达讲话内容,让我们共同谱写松下电器今年发展的新篇章吧!

松下电器1955年经营方针发布会
1955年1月10日
于中央电气俱乐部(大阪)

第三章

未来五年的展望

·利润是我们创造的剩余价值的有形体现,这种剩余价值传递给社会,成为社会共同繁荣的基础。所以经营者如果不赚钱,日本很快就会变穷。

·经营者和民众之间其实签订了无形的合同。虽然不是真正的合同,但经营者时刻谨记公司使命,这就是无形合同的体现。

·为公服务、为民服务是一切工作的基本原则。提供服务的效率越高,获得服务的效率也会提高,世界也就越繁荣。

年度经营方针发布会反映企业增长情况

值此新年到来之际,非常感谢各位参加对松下电器来说意义重大的年度经营方针发布会,看到大家神采奕奕的面容,我非常高兴,首先请允许我向大家表示深深的谢意。

与去年相比,今年的发布会盛况空前,参加人数也增加了很多。去年只有不足四百人参加,今年参加人数超过了五百五十人,增加了一百多人。这真实体现了我们公司过去一年的发展成绩,值得共同庆祝。

从北海道到九州,全国各地的厂长和业务骨干都来参加本次发布会。和往年一样,我们也邀请了很多相关公司的朋友参加。虽说是相关公司,但是双方想法一致,方针相同,大家共同工作,和同一个公司没有任何区别。不过是为了经营方便,所以才把这些公司当作相关公司。作为松下电器的一员,作为行业发展的伙伴,我们一直在齐头并进,共同努力前进。

希望相关公司的各位同人也能仔细了解今天发布会的内容，加深彼此之间的理解，达成更多共识，寻找更佳的发展方案，共同发展进步。

正确评价自己

首先请允许我再次表达对各位的谢意！在大家的勤奋努力下，去年公司业绩喜人。我谨代表公司，向数百家松下电器代理商、数万家加盟店及相关人员表示深深谢意。

去年公司的全年总产值为 220 亿日元，销售成绩与前年相比基本持平，同比增加了约 26%。由于调低了部分产品的价格，产品数量实际上增加了 30%。去年上半年通货紧缩的影响还很明显，在这种情况下，生产量增长 30%、销售额提升 26% 着实不易，这充分证明了通力合作、优化措施很有效果。

这个数字并不是偶然实现的。我在年初就告诉过大家，这一目标并非遥不可及，所以我们制定了专门的计划，探讨如何具体实现目标，加深大家的理解。

一方面，世间之事总会与预测有偏差，这是看待事物的正确态度。另一方面，我们一定要坚信目标可以实现。摆正态度，坚定信念，相信目标一定可以成为现实。

在过去三十七年的经营过程中，松下电器基本上都实现了预期目标。这不是偶然的结果，而是意志所驱、良知使然。换句话说，我始终相信保持谦卑的态度，素直地遵循内心的判断，制定周密的计划，就一定会实现目标。松下电器的未来发展依然会遵循这一想法，松下电器人会一如既往，继续努力。

希望大家铭记：正确评价自己，谦卑判断事物，期待的结果会出现，目标也会实现。

战后暗淡的第一步

首先让我们一同回顾一下战后十年松下电器的发展历程。

1945年8月,第二次世界大战正式结束,到今年正好十年。过去的十年大致可以分为两部分,也就是战后第一个五年(1945—1950年)和第二个五年(到去年),下面我简单介绍一下两个五年的部分情况。

1945年8月15日,天皇宣布投降,战争结束,正确认识战败这一严峻态势之后,日本人民立即着手重建工作。

战争结束的第二天,也就是8月16日那天,为了重建松下电器,我们聚在一起开展了讨论。当时松下电器拥有一万五千名员工,大家认真商讨着重建方案。然而不知道是遗憾还是命运,美国进驻军很快来到日本,此后,日本机构的性质发生了根本改变。换句话说,日本的经济机构和体系被迫按照进驻军对日本的规划意图进行了重组。

那么经济界遭遇了什么呢?首先就是解散财阀。日本发动战争,政治家固然有罪,商界门阀也脱不了干系,必须解散财阀,进行经济重组。在那之后一年左右,在这种方针的实施下,松下电器接二连三受到严格限制,迈出了战后黯淡的第一步。

七种限制

那么这段时间,松下电器到底受到了什么限制呢?我想简单介绍一下。首先是刚才介绍的被指定为财阀。松下电器根本不是财阀,但是由于这顶错误扣上的帽子,公司遭遇了致命打击。

第二个限制是开除公职。与财阀相关的公司、军需公司,或者和平时代资本金超过一亿日元的公司,这些公司常务以上的人士全部被驱逐。包括直属工厂、子公司在内,松下电器当时在全国大约有六十家公司和工厂,这个数字可能很多人并不知道,没想到我们做了这么多工作,拥有这么多工厂和公司。包括我在内,公司常务以上的人士全部被开除。

第三个限制是指定为赔偿工厂。公司的主要设备是指定赔偿物品,不仅不能随意移动,而且还要保证形态完整。

第四个限制是子公司的持股全部交给控股公司整理委员会处置，这是进驻军的命令，我们无法反抗。

第五个限制是公司被宣告为受限公司，除了一定范围内的业务外，其他业务全部被封锁。

第六个限制是公司被宣告为特别会计公司。依照两项法律规定，对战争中的债权债务进行处置。

第七个限制是集中排除。这意味着公司不能开展任何垄断或集中业务。

因为这七个限制，松下电器被套上了枷锁。当时的会计常务是高桥荒太郎先生，他手下所有员工夜以继日地忙于整合数据，提交的调查表翻译成英语后居然有五千多页，足见公司账目的庞大。接二连三的法令之后，重建公司的希望破灭，公司的全部重点都转移到了账目整理上。同时，由于员工人数众多，公司暂时被允许进行生产，但产品必须全部以指定价格，也就是低于成本价的价格进行配给。

五年的时间过去了。五年间，名义上松下电器还是公司，但实际上做的主要是数据整理工作，很少开展业务，还背上了约十亿日元的债务。

公司被指定为财阀，我们也被开除公职，成为与公司毫无关联的素人。但是为什么我直到今天也没有辞职，还在松下电器工作呢？下面我想讲讲这段经历。

财阀指定的抗诉

被指定为财阀后，我首先想到美国占领军假借正义之名占领日本，所有颁布的法令都是基于美国人认为"正确"的理念，要求日本保持"正确"的样子。从这个意义上来说，美国人认为日本财阀有问题，所以才要求其解体。

这种观点正确与否暂且不提，但是松下电器绝对不是占领军所谓的"财阀"。当时包括松下电器在内，一共有十四家被指定为财阀。其中十三家都是二代、三代传续的财阀，只有松下电器在我孜孜不倦的努力之下达到了一定规模，却被指定为财阀。

　　这无疑是他们搞错了。他们虽然满口正义，但是说的和做的完全不同，必须改正这个错误。所以我并没有顺从地辞职，而是进行了抗诉。我数十次前往进驻军司令部，高桥常务恐怕去了将近一百次。我用了各种资料反复说明自己不是财阀。然而一旦被指定为财阀，限制很难被解除。对方一直说"我们会好好调查"，结果四年的岁月转瞬即逝。

　　因为抗诉，我一直没有辞职。直到1949年2月，松下电器才被解除财阀限制，可以自由开展经济活动。

　　这是一段非常不愉快的回忆，十分抱歉让大家担心了。

解除公职后的不可思议之事

　　其间还出现了另一个大问题，那就是之前提过的"开除公职"。松下电器被列为A级公司，常务级别以上的人员必须被全部驱逐。

因为当时的报纸上曾经发表过相关报道，这一点我们无法抗诉。此前松下电器被指定为军需工厂，造过飞机、船舶等，被列入 A 级公司也无可厚非，开除公职这项罪名着实无法辩驳。

然而不可思议的事情发生了。占领军中无线电相关的人员来我们公司视察，看到公司的经营状况之后备受感动。

虽然设备不算很好，也不是一流的企业，但是其中较高职位的几个人觉得公司骨子里的精神可以与美国公司媲美。经过认真考虑，对方觉得放逐公司的经营者太过可惜，必须重新考虑，所以非常亲切地告诉我可以如何抗辩，我从未忘记过对方的善意。

感谢各位工会成员的合作

公司内部又是如何应对开除公职一事的呢？工会成员们在这一问题上展现出了友好的合作态度。

二战结束后,日本的工会运动如燎原之火般蓬勃兴起,松下电器的工会也对公司提出了各种要求,时常批判企业的经营。

然而不可思议的是,得知我可能被驱逐时,经过全员表决,工会一致认为不能驱逐我,于是向进驻军、日本政府及其他相关部门请愿。几乎所有员工都参加了请愿活动,每个人都在请愿书上签名盖章。工会代表拿着一万多人签名的请愿文件,在东京逗留了十多天,进行了大量斡旋,希望可以解除驱逐要求。

听到这一消息,我非常感动。不过老实说,我感觉只有自己不被驱除,心中还是有些不好意思。上文中提过,我坚决抗诉被指定为财阀,因为我确实不是财阀,所以绝不允许这种错误存在,反对的态度十分坚决。但是开除公职这件事我其实无法抗诉。我当时甚至觉得这次要不得不离开松下电器了。

多亏了进驻军好心人的抗辩建议,在内部人士的斡旋下,再加上工会的努力,过了一个月,进驻军突然宣布将松下电器从 A 级改为 B 级。A 级是无条件驱逐，B 级则是审查后再驱逐，两者区别巨大，我内心也充满了感激。

经过美国进驻军的审查，对方发现松下电器常务以上的人士确实不是好战人士，所以取消了驱逐政策。我们得以留在公司继续工作，这是全体工会成员、全体员工努力的结果，我心中的谢意无法言表。

虽然不知道哪个要素起到了决定性作用，但是在各方的帮助之下，我避免了被驱逐，也没有被开除公职，更没有被指定为财阀。

五年的断肠之念

然而公司还受到其他五个方面的限制。公司活动范围不断缩小，五年间先后五次缩减业务规模，员工数量从 1950 年的 15000 人减少到了 3500 人。

对此我无比悲痛。之所以这么说，是因为自松下电器创业以来的二十多年间，从没有一个人因为业务缩小而被解雇过。对于事业扩大时雇用的员工，我也从来没有因为经济不景气而进行裁员。当时由于受到各种限制，公司发展屡屡受挫，没有人知道公司会如何被分割。公司人人自危，人为刀俎，我为鱼肉，这种情况一直持续了五年。

因为感到不安，一些员工选择主动离职，还有人接受现实，不得已而辞职。公司的变化接二连三，虽说最终我们没有被驱逐，但是工作起来也是力不从心，1950年3月，员工数量最终锐减到了3500人。其间我们只能静观其变，情况终于在五年之后开始好转，限制逐渐解除，到1950年7月，所有限制完全解除。公司、我还有各位常务重获自由，终于可以自由开展经济活动了。

同年的7月17日，我和各位干部齐聚一堂，畅所欲言。从此以后公司终于不受任何限制，可以自由活动了。回忆过去没有尽头，我下定决心向前看，期待今后的发展，踏出了松下电器重建的第一步。

之后的五年，公司快速发展

二战后的前五年，公司一直在缩小规模、整理数据、抗辩和应对各种限制法令。外部人不禁会问，松下电器到底在做什么？公司不仅没有发展，反而债台高筑，"松下电器岌岌可危"的传言四起，我们却束手无策。公司一度被冠以"税金滞纳王"的称号，这实在不光彩。不可思议的是，即使是这样的情况，我们的信念也丝毫没有动摇。

战败是既定事实，没有办法改变，既然战争结束了我们就要深刻反省，众人齐心协力，马上投入重建活动，然而现实却给了我们重重一击。除了进驻军颁布的七个法令外，日本政府还制定了各种条款，比如不管工作如何，所有人都要缴纳税金。这一措施简直愚蠢至极，很多人原本想继续工作，也完全失去了工作欲望。

对此我十分疑惑，但是当时公司的经营只能随着社会发展而变化，经营方针完全由政府决定。我想了解日本可能面临的结局，探究人原本的存在方式，所以我开启了生意人之外的另一个身份，成立PHP研究所，开始进行研究[①]。

研究过程中我付出了相当多的努力，心情也好转了不少。工会批评我：在这个重要的时刻，你在PHP这边做什么。我被狠狠训了一顿。不过当时确实什么都做不了，我想至少利用这段时间，把目光投向未知领域，重新审视人类这一特殊存在。

1950年之后的五年间，非常幸运各种限制全部解除，我终于可以自由自在地工作，松下电器进入了真正的重建阶段。这五年间的公司发展情况可以参考以下数据。

1950年松下电器的销售额是27亿日元，5年后的去年达到了220亿日元。员工人数从3500人增加到11000人，人数增长相当迅速。

整顿期间，公司的经营情况很不乐观，但是一

---

① 松下幸之助目睹了第二次世界大战后混乱的社会情况，认为："人类应当开辟一条通向繁荣、和平、幸福的道路，为此应该集合众人智慧进行研究和探索。"于是在1946年11月3日成立了PHP研究所。

旦摆脱了束缚，大家开始活跃起来，销售额和员工数量急剧增加，工厂数量随之增多，业界也渐渐认识到"松下电器还存在"。感谢各位员工历尽千辛万苦、为公司发展付出的巨大努力，感谢大家的帮助！

此后公司一直保持这种状态，十年后，我们终于迎来了1956年的新春。

一阳来复的迹象

1956年是前景光明的一年。无论国内还是国外，无论哪个行业，大家都能感受到发展的气息，这是"一阳来复"的征兆。无论是日本还是整个世界，这种迹象不断加强，充满希望、努力奋斗的时候来了，今年和去年一月发布会的时候俨然大不相同。

我从不认为痛苦生活是人生常态。相反，人生的真谛在于快乐度过一生，人人欢喜，才能度过有意义的一生。过往至今，有人或者思维偏激，或者过于偏执，或者自我优越感爆棚，或者过度渴望权力，这种人生样态比比皆是。

随着文化与日俱进的发展，人们也在渐渐恢复原本面貌。渴望繁荣和平是人与生俱来的本质。在PHP进行研究后，我深刻领悟到了这一点。

痛苦不是人生本态

1946年我开始倡导PHP，当时我向很多人进行了宣传。不过得到的回答却都是："饭都没得吃了，还谈什么繁荣与和平呢？"还有人说："你这是痴人说梦。"

回想起战败后的乱象，这些回答其实不无道理。但我认为，痛苦不是人生本态，人的本质是追求繁荣与和平，越是形势惨淡，我越要大声疾呼。遗憾的是，并没有人认同我的想法。甚至有人说，有这时间你还不如去黑市赚点钱，多赚一日元，说不定日本就能更繁荣和平一些。

有一次我前往大阪地方法院，在那里和五十多位法官交谈。对我来说,这是一次前所未有的经历,但那时候我却莫名其妙地鼓起了勇气,和大家聊了大约两个小时的PHP。

对方问了很多问题,谈话结束后,我被带到了审判长的房间。审判长说:"刚才听您讲了一番很有道理的话,我深感,必须把您今天的这番话与自己的法官工作结合起来,以它为参考,更好地开展工作。"这番话可能只是一种恭维,但是在兵荒马乱的1946年,审判长的共鸣深深激励了我,这番话我至今无法忘怀。

当时公司内部也有很多反对声音,我和大家聊了很多,也做了很多工作。这么做有没有效果,我不知道。但是我始终坚信人不应自扰,所谓的困扰完全来源于错误的想法。

后来松下电器终于摆脱了限制,开始进行重建。五年的发展顺风顺水,从上面的想法出发,取得这样的结果其实理所当然。不是我特别伟大,也不是大家格外优秀,只不过彼此都态度谦虚,正确认识自己并努力工作而已,而且有些人的工作特别出色。从整体上来看，人的本质永远是追求繁荣，如果没有这种本质，怎样努力也不会产生繁荣。

我相信松下电器今后会继续蓬勃发展，因为松下电器人的本质就是向往繁荣。松下电器能取得今天的成绩，也是因为顺应了天意而自然产生的结果。可能这种说法有些夸张，但我对此深信不疑。我们要解决的问题很多，但是每次都能顺利解决。松下电器努力付出，为社会服务，为经销商服务，公司也获得了相应的收益，我们为产业的发展扛起了大旗。

五年后销售额达到八百亿日元

接下来，我简单介绍一下公司今年将如何发展。

松下电器终于迎来了真正意义上的活动期。经过了战后的整理期、重建期，今年我们终于进入期待已久的活动期。根据公司的五年规划，我对未来五年的活动期进行了如下规划：

具体内容今天还不能公布，毕竟时代瞬息万变，具体的对策只能根据情况来定。但是未来五年的目标，也就是作为结论的数字我可以和大家分享一下。

去年的销售额是二百二十亿日元，松下电器的员工人数是一万一千人，今年的销售额应该达到二百八十亿日元左右，员工数量增加到一万二千人左右。

销售额同比增加约三成，人员增加约一成，这个比例今后也会继续保持下去，到五年后的1960年，生产销售额会接近八百亿日元。

乍一看这个数字巨大，但是考虑到技术部今后研究发明的新产品、开拓的新领域效益，再加上电机行业的广阔前景，公司目前产品的销售占比不会增多，基本维持原有水平。

更何况从过去五年的增长情况来看，公司销售额从二十七亿日元增长到了二百二十亿日元，这个数字还是非常保守的。

销售额达到八百亿的话，大约是去年的四倍。为了实现这一目标，到1960年，公司的综合设备必须扩大四倍，各个工厂的产值提高四倍。

这些数字听起来都很难完成，但是考虑到今后五年的进步，比如现在一坪（日本面积单位，1坪约等于3.3057平方米）面积可以生产一个产品，未来我们可以做到二分之一、四分之一坪生产一个产品。这种进步是知识的力量、经营的力量，也是大家努力的力量。如果五年过去了还是一坪做一个的话，这样就不会进步，也不会迎来繁荣。

所以我们的目标才定为增加四倍的设施，通过设施的合理化使用，还有工会主张的劳动合理化方式来实现目标，这是我们共同的责任。

那么资本金呢？我希望可以达到百亿日元。至于公司是赚钱还是收益提高，答案肯定是赚钱。企业不赚钱就是在犯罪，企业向社会募集资本，招募员工，使用大量材料却没有任何成果，社会绝不允许这种情况存在。

利润是劳动的剩余价值，这种剩余价值传递给社会，成为社会共同繁荣的基础。举个例子来说，如果现在大多数日本人不赚钱谋生的话，日本很快就会变穷。通过工作赚钱，赚钱之后才能缴税，这是国家税金的基础，也是社会互帮互助的来源。我们要清楚地认识到，赚钱对社会繁荣发展至关重要，这是每个人的义务和责任。

以这样的想法来工作，公司的收益也会提高，我想为松下电器的员工加薪，保证公司待遇达到行业第一的水平。

如果没有这种觉悟，倒不如从一开始就不要工作，因为做了也没必要和意义。如果单纯是为了吃饭的话，天上的小鸟每天也是如此，因此我希望大家能明白自身的责任和义务。

为了达成这一目标，今后公司也会向大家提出各种要求，希望大家做好心理准备，切实落实目标。这是我们为完成使命必须履行的宝贵义务。

执行与大众的无形契约

从结论上来看，今后五年的公司发展规划如上所述。

不过可能有人会质疑，这是否真的能够实现。我认为，只要不发生世界大战、国内革命，不出现毁灭性大地震，这些规划是绝对可以实现的。只要没有这三种情况，哪怕遇到波折或不景气，规划也一定能实现。

之所以这么说，是因为这是广大民众的要求，公司的规划只不过是把群众的要求如实地以数字形式体现出来。这么做并不是为了公司名誉或一己私利，完全是为了彻底履行对社会的义务。只要我们在工作中没有懈怠，这一目标就一定能够实现。

松下电器为了服务社会而存在，不服务于社会，我们的存在就毫无意义。换句话说，松下电器人始终胸怀为社会服务的崇高义务，而不是为了个人名誉、成功之类的蝇头小利。

如今松下电器拥有几百个代理店、几万家加盟店，背后还有数千万的消费者。消费者为了提高生活质量而购买产品，很多情况下却找不到满足需求的产品，不得已妥协放弃。在我看来，提前把握消费者的潜在需求，做好准备进行研发，这是各行各业、各种工作的义务和责任。换句话说，这也是企业与大众签订的无形合同。当然这种签约没有合同交换，也没有口头约定，但是明晰工作使命的人们能感受到这份无声、无形的合同。素直地看待这种无形的合同，谦逊聆听无声的契约，为了履行义务做好充分的准备，这是产业人的义务。

比如在大阪和神户之间再修建一条国道，将大大提高交通便利程度。准备开工前发现关键的水泥不够，好不容易制定的计划将无法实施。为了避免这种情况，水泥公司应该事先做好准备，保证随时能充足供应，避免出现供不应求的情况。这才是产业人真正该做的，也是我们看待产业应有的态度。

很多人的事业观往往基于自身利益和名誉建立而成，社会也基本认同这种观点，但我认为这种事业观存在根本性错误。松下电器自创业以来，从没有过这种自私自利的想法，这一点能从公司过去的发展中看出来，相信大家也十分清楚。

五年后研究费用达到十亿日元左右

那么以上的抱负具体将如何实施呢？我想简单

介绍一下每个部门的情况。

具体来说,首先我们要明白自身的局限性。同是夏天,有的年份热,有的年份冷,我们必须根据当年的实际情况选择适宜的生活方式。同样,社会也在一定的范围内不断变化,我们要根据情况随机应变,灵活应对。详细的细节因为时间缘故暂时不谈,下面我谈谈对每个部门的具体规划。

首先是技术本部,这也是今后工作的重点。去年松下电器的研究费用大约是一亿日元,今后研发费用每年都要增加,五年后的1960年,研究费用要达到十亿日元左右。当然,研究费用并不是从今年开始一下子增多,我想采取逐年递增的形式,最终将研究费用增加到十亿日元左右,各事业部各自的研究费用不包含在内。

我想进一步提升研发的合理性和发明的积极性,培育优秀的人才,生产先进的设备。十亿日元如果随意挥霍不会有上面的成果,技术人员们一定要努力才会有良好的结果。

积极交换技术

其次是事业本部。

重点是考虑如何将技术本部的成果合理产品化。在制造设备、人员培训等方面精益求精,以不懈的努力实现公司发展目标。

今后公司也会积极引进国外先进技术。可能有不少人对此持反对态度,这是小国主义的短视表现。国粹主义固然有其道理,但是对于以自我为中心、闭门造车而不顾他人的想法我们必须进行抨击。我们要看到他人之长、发现个人之短、主动拥抱世界、携手共同走向繁荣,这种宽广的胸怀和世界一体的想法能逐步提升我们的工作水平。

对于外国技术,松下电器始终抱着欢迎的态度,也欢迎日本其他公司适当出资,和松下电器进行技术交换,从社会发展、人类繁荣的立场出发,提升技术自觉性,一方面引进外国先进技术,另一方面积极出口技术,取得更大成果。

把人才培养放在首位

其次是管理本部。

管理本部首先必须把重点放在人才培养上。不管公司如何人才济济，如果大家都各自为政，就无法产生积极效果，更不要扼杀个人创意和见解。希望公司上下可以团结一致，向着同一目标积极出发，取得事半功倍的管理效果。

无论是对公司还是国家，这种人才策略都非常奏效，不少自由主义国家和社会主义国家也开始实行这种做法。坚信松下电器使命的正确性，带领公司走向发展之路，这是我们义不容辞的宝贵义务，管理本部要做好人才培养工作。

其次是让每个人都具有财务意识。日本人往往容易轻视会计，缺乏会计知识和财务观念，这是日本人的固有缺点。为了从根本上纠正这一点，我们要尽快培养员工的财务意识，提高工作水平。

人才培养至关重要，薪酬的合理设定也值得我们仔细思考。当前松下电器的工资足够理想吗？答案并非如此。随着公司的发展,今后薪酬水平要继续改善和提高。

每个公司都有退休制度。前几天,我还遇到一位大公司的高级职员,他今年五十五岁,马上就要退休了,没有什么存款,退休金也不多,他说退休之后会重新找个地方工作,像以前一样从头再来。听到这句话时,我被深深刺痛了。这种事情不应该发生,这不是个人的不幸,而是整个社会的不幸,这些人的能力应当被继续挖掘,让他们继续发挥余热,参与工作。

松下电器很早以前就在这方面做了很多工作,避免松下电器退休的员工失去生活的稳定,希望今后可以在这一点上继续努力。

保障代理商、零售店铺的合理利润

接下来是营业本部。面对越来越激烈的销售竞争,各种销售问题堆积如山。

有一点很重要,那就是保障代理店以及零售店的合理利润。之前我也多次从各个角度提过,这不是一个代理商、一个零售店，或者个别厂商的问题，而是一个巨大的社会问题。每个人都要意识到保障代理商、零售店合理利润的重要性，松下电器更要脱离单一销售理念，站在社会正义、国家繁荣的角度，真诚对待代理商及零售店的合理利润问题，呼吁整个行业重视这一点。

只有经销商稳定，行业才能稳定。各行各业稳定，日本才能像美国一样繁荣发展。请大家充分理解这一点，并按照这个宗旨改善今后的对策。

还有配给机构的合理化、销售渠道的完善问题。与其他制造商相比，松下电器一向在配给机构方面更有优势，但是最近其他制造商也在不断提升配给渠道，我们不能继续骄傲自满。有的厂商模仿松下电器苦心经营的配给方式，虽然对松下电器来说很可惜，但是通过互相学习，整个行业也会不断进步。

相互学习，双方会共同繁荣。以相扑为例，师傅将毕生所学传授给弟子，培养出来的力士甚至比师傅更优秀。师傅为了进一步提高技能，自己也会更加努力，研究其他力士的优秀之处。优秀的力士层出不穷，整个相扑界都会繁荣起来。

互相学习、精益求精是繁荣的根本原则，今天比昨天、明天比今天都要好，随着进步速度的加快，繁荣程度就会逐渐提高。其他厂商不断学习松下电器在销售方面的长处，这种做法有利于带动整个行业的繁荣，是一件好事，也是松下电器对整个行业的贡献。

刚才介绍道，我们和其他公司在配给方面的优势在逐渐缩小。也就是说，近两三年来松下电器在销售方面并没有提出作为业界前辈的新创意，希望营业本部的各位奋发向上，努力提升。今天时间比较匆忙，没法解释更多具体的内容。希望大家今年把这一问题作为重大问题来认真对待。

目标的实现与营业部人员的责任感息息相关。总公司希望通过全体员工划时代的创意和勤奋努力，积极推动各项工作发展，衷心希望这项工作可以得到大家的配合。

以奉献得到奉献

我还想重申一点，这就是对工作所承载的社会责任的自觉。

我们的工作就是制造和销售电器，这一点毋庸置疑。不过仔细想想，其实我们通过制造、销售电器，最终实现的是为公奉献这一目标。为公奉献、为民奉献是一切工作的基本原则。

农民种地是奉献，我们制造电器也是奉献，这毫无疑问。

互相奉献程度越高，社会就会越繁荣，奉献效率越高的人，从别人那里得到的奉献就越多。从外在形式来讲，这种获得可能表现为收入、名誉，也可能表现为幸福。也就是说，人们为别人做贡献，同时得到别人的奉献。

这一点非常合理。从数字来看，任何人都没有任何损失，简直合理得不可思议。一切如有神力相助，进展非常顺利。有的人害怕自己的奉献会没有回报，因此而担心或迷茫，其实完全不会这样。

奉献得越多，获得的奉献就越多，新的事物也由此诞生。

当然，我们并不是为了获得奉献才工作，只不过结果最终如此而已。如果松下电器彻底贯彻为社会做贡献的理念，有力推进其工作，很快我们的工作将遍及全世界，并且获得全世界的奉献。

这也是松下电器存在的真正意义所在，希望大家充分理解，从各自立场出发，认真考虑我们应该怎样努力。

优秀的谏言者——工会

不少工会干部也参加了今天的大会，最后我想和各位说几句。

美国今天的繁荣离不开健全的工会发展，这是不可否认的事实。随着工会的成立，日本最近也逐步走向繁荣，这可以从各种资料中推测出来。

这个过程中，有时可能因为过于激进，出现负面结果，但这是事物发展的必然过程，通过逐步的改善和调整，工会已成为推动日本发展的巨大力量。希望今后工会能随着时代不断发展，与劳动者融为一体，推动日本繁荣发展。

幸运的是，松下电器的工会对这一点有着充分的认识，并没有滥用权力，而是妥善协调与公司的关系，对此我深感庆幸。公司今后也会以更加公正的态度对待工会，工会如果做过了，我也会直言相劝，对于工会的建议我也会侧耳倾听。

工会成员同时也是公司员工，最终利益会交织到一起。希望工会的各位诚心诚意纠正公司经营中的错误。对公司来说，工会是难得的谏言者，我也非常依赖工会的建议。

工会必须确保正确的发展路径，敏锐捕捉时代的变化，及时、准确地为公司整体发展和员工谋取福利开展活动。有了工会的鼎力相助，公司也就可以更顺利地履行自己的社会责任。期待随着时代发展，松下电器的工会走向强大、健康发展。

虽然还有很多话想和大家分享，但是已经超过了预定时间，为了不影响接下来的问答环节，今天

第三章 未来五年的展望

我的演讲到此结束。

今天对公司来说是个意义重大的日子,希望各位可以加深理解,继续努力奋斗,取得更好的成绩。公司的发展还要多多辛苦各位,大家回到各自岗位后,请务必帮我给各位员工带好。

谢谢大家!

> 松下电器 1956 年经营方针发布会
> 1956 年 1 月 10 日
> 于中央电气俱乐部(大阪)

第四章

更严格,更认真

·浪费经费，或者疏于对必要经费进行斟酌和合理划分，即使公司销售额提升，也会出现利润倒挂的情况。

·老客户越会讲价，公司越需要考虑如何降低成本。为了充分满足挑剔的客户，公司可能会取得划时代的成就。

·如果是过去，只要有一块金字招牌，两代人都吃穿不愁。现在这个快节奏的时代则不是这样，今天的胜者也有可能成为明天的失败者。

把荒年变成丰年的决心

大家好！今天我想和大家好好聊一下，所以组织了这次会议，在这里和大家见面。本年度的发展已经历时两个月有余，营业成绩已经出炉，今天想和大家围绕这些数据进行一下探讨。

众所周知，去年经济非常差，经济萧条加剧，对此我去年多次和大家谈过如何应对危机。大家从各自负责工作的角度出发，充分领会了我的想法，竭尽全力制定了应对方案。

从今年开始，公司计划在每年的一月十日公布当年的经营方针。今年形势不好，我们再因为这点事就退缩或意志消沉的话，糟糕的形势会越来越差。相反，虽然年景不好，我们反而可以静下心来思考。越是糟糕的一年，我们越要洗涤心灵，为未来发展奠定基础。

糟糕的一年未必是悲观的一年，也有可能成为全新出发、可喜可贺的一年，大家像往常一样努力就完全可以。经济不景气可能带来各种困难，我们不要担心后果。我反倒认为，越是这种时候越能改变一切，做出一番成绩。经济寒冬的到来让这一年更有意义。

今年一月十日的发布会上，我没有表露任何悲观的论调，反倒把今年定义为努力跃进的一年。无论是销售额，还是工作热情，希望今年都是一个蓬勃发展的年份。可能有人因此完全释然，社长说今年会是顺利发展的一年，公司的发展必然会顺利前行。在我看来，这种想法完全错误，公司的发展并不轻松。虽然今年不景气，但我认为只要勇敢地迎接挑战，采取各种措施推进发展，就可以奠定今年发展的基础。这一点没有错，问题是要有相应的智慧和才智，才会取得成绩。

单单感叹"啊，原来这样"却毫无行动，这种做法无法改变不景气的事实，坏年会变得更坏，公司也会面临危机，这是毋庸置疑的事实。

生意增加，利润却减少

下面我想和大家简单聊聊这两个月的业绩，供

第四章　更严格，更认真

大家参考。

一月初，在公司本年度的方针中，我提倡大家今年要快乐、努力地工作，然而很快萧条的经济成为压在松下电器身上的重担，直到今天也没有完全消失。如果大家深入理解这一点，通过前所未有的发明和销售方法创新，其实完全可以实现今年一月份提到的目标。然而事与愿违，从数据上来看，去年年末起，各种不良问题就开始呈现抬头趋势。

今年前两个月与去年同期相比，销售额大约增加了十七亿日元，这个数字还是很令人满意的，但是从利润率来看，销售额增多了，利润反而减少了，利润率下降了四个百分点，这个数字并不乐观，这就是现在的状态。

不仅利润率明显下降，有的事业部还出现了亏损。松下电器的各个事业部就像一家家独立的公司，多年以来始终坚持独立运营的方针。事业部制度固然有其缺点，不过我们逐渐克服了其不足之处，推动松下电器发展到了今天。

各个事业部像独立公司一样运营，其中有四个事业部在这两个月里出现了赤字。一共十四个事业部，四个事业部现在都出现了经营危机。

其他公司的情况也不乐观。对比上市的五百多家公司就会发现，差不多有五十家一两年前还赢利的公司都在本季度出现亏损。就算只有五十家公司亏损，所占比例大约为一成，五百家公司中有一成企业亏损。然而松下电器十四个事业部就有四个事业部亏损，亏损比例高达三成。虽然两者背景不相同，不能笼统地进行比较，但通过这一数据可以有个大概的衡量。

同样受到不景气的影响，五百家企业的九成并没有出现赤字。然而松下电器十四个事业部中却有四家出现了亏损，希望大家仔细思考，这并不是一个简单的问题。

不会消失的安全感

为什么只有松下电器的情况比较严峻呢？因为

松下电器一直采用独立核算制度，各事业部必须各自努力打拼，才能取得成功。在这一重大转折时刻，虽然五百家上市企业中有一成，也就是五十家企业出现亏损，但是松下电器因为各个事业部充分发挥各自的创意，工作积极活跃，虽然利润减少了，但是没有一个事业部利润率减少。

如果现在我面对的是上述结果，我会欣然接受。然而结果恰恰相反，松下电器三成的独立事业部出现亏损，这种异常的情况必须引起我们的重视。

这样的结果其实事出有因。松下电器一直采用独立核算制，如果在最终统计中将结果合并为一，即使有的事业部出现亏损，也可以通过内部运作调整，外部不会知晓赤字的消息。

但是对于完全独立的公司来说，赤字一旦出现，很快就会被外界知晓，很难进行粉饰。同时赤字会引发银行和债权人的强烈反应，负责人必须马上应对，所以社会上面临赤字危机的公司很多。

然而松下电器是实行独立核算制度的公司，不会因为某个事业部运营不佳就受到债权人的问责，公司赢利也更加容易。

正因为我们放松了警惕，所以普通公司只有不足一成出现赤字，松下电器旗下的四个事业部却面临赤字危机。面对严峻的形势，我们应当采取五倍甚至六倍的手段来应对。

自负心是否在作祟

松下电器理念得当，经营情况良好。虽说公司并非十全十美，但大家都很认可松下电器的品牌，如果公司分成上中下三等的话，无论从内还是从外来看，松下电器排名领先，经营也是业界领先水平。然而面对危机，结果却比普通公司更加糟糕，这难道不奇怪吗？我们平时自诩的善于经营又去了哪儿呢？这种结果我们无法忍受，也对不起社会的期待。备受期待的松下电器却走上了事与愿违的道路，我感觉内心很苦涩。

我从去年开始就告诫大家，面临危机，我们要审慎思考，这一点大家已经充分领悟。可能我们的想法还是过于简单，并未深刻理解问题的本质。

如果各个部门的员工都认真应对的话，改革的成效可能早已显现出来，但是现在却没有明显的改善迹象。我认为我们还在准备当中，并未真正落实。尽管这番话在半年前就说过，但是面对经济萧条，我们还没有做好万全准备，我也没有收到一份切实改善的报告。

长年受到社会褒奖，大家对经营多少有些骄傲自满，这种自负导致了今天的结果。想到这里，我认为我们不能再放任自流，一定要把这两个月的实际情况告诉大家，我们共同来想办法应对危机。

斟酌着使用经费

说到这儿，有人可能要提出疑问了。明明两个月的销售额同比增长了十七亿日元，但是利润却越来越少，这太不可思议了。其实我也不敢相信，看到结算数字之前，我从来没想到会减少这么多。

毕竟市场竞争越来越激烈，销售费用总要高一些吧。公司并未调低全部商品的价格，我也想过是否调低部分竞争激烈的商品价格，但最终还是决定维持原价。另外，生产增加了，成本也会下降。我一直这样思考，觉得利润率即使不会随着销售的增加而正向提高，但也绝不会减少，但是结果和我的预测恰恰相反。

通过一系列调查，我大概弄清楚了事情原委。人工费方面，员工数量同比增加了两千人，工资支出与去年同期相比增加了一亿四千万日元，其他支出也相应增加，这是额外增加的经费。此外，一般管理费、销售直接成本、营业成本等均有所上涨。与前一年同期相比，公司的经费、销售经费、宣传经费等共增加了六亿二千万日元。

两千人的增员需要多支出一亿四千万日元。如果只是这样，事情还算简单，但是加上额外的销售经费及其他管理费的六亿二千万日元，最终增加总额达到了七亿六千万日元。虽然公司获得了相应的收益，但经费支出大幅增加。经费具体用在什么地方了呢？经过多方调查得知，经费或用于打折促销活动，或用于支付竞争产生的支出，最终结果就是如此。

对于做生意来说，这非常可怕。公司虽然有盈利，但是却存在浪费经费，或者疏于对必要经费进行斟酌和合理划分等问题，因此虽然公司的销售额在增长，利润却在下降。

这种事之前从未发生过。几十年来，我也会默默推测每个月的盈利数额，估算利润的增减情况，结果一般都不会相差太多。这次却失误了，这种情况还是第一次发生。其中一半责任在于我自己，另一半的责任在于去年经营好转后，大家放松警惕，导致公司实力弱化。多重原因共同导致了今天的结果。

我们一定要纠正错误观念，认清当前的紧迫形势，认真指挥经营，不然这种情况今后会不断出现。

无法判断事物价值

今天我们正好召开的是董事会议，董事会议会提供便当。有时候点的便当比较昂贵，很偶然的机会，我问负责人："这个便当多少钱呀？"结果才知道，这个便当相当昂贵，一份要五百日元。

在东京，我经常邀请客人到公司做客。用餐时不会用特殊菜肴招待，吃的就是中午公司食堂做的寿司，大家吃得很高兴，一顿饭才一百日元。和寿司相比，便当并没有格外美味，却要五百日元，很多情况下行政部门不斟酌就直接下单，这就是不知不觉之中发生的浪费。

我原以为便当只要一百日元左右。在董事会或者临时召开其他会议的时候，便当也是常见的餐食。即使是一流的公司，预订的便当也就一百日元左右吧，各个公司大体如此。如果是请客人吃饭的话，一千或两千日元的便当当然不足为过，开会等普通情况下，公司选择一百日元左右的便当比较合适。

前几天我去了松下电子工业，当时吃的便当也是一百日元左右，为什么只有总公司提供五百日元的便当呢？五百日元也就罢了，口味和一百日元左右的便当也没什么区别，总公司这样做完全没有仔细斟酌。

有人可能会说，你是公司社长，午餐临时盒饭买什么就不用操心了，其实我确实没有注意到，一直以为吃的便当只有一百日元左右。经过询问得知是五百日元之后，我顿时感觉总公司的部长、课长、订餐人对事物价值判断并不准确。考虑到成本，会议便当一般会控制在一百日元左右，还不到社长和董事需要费心的程度。

如果自己不能判断，可以和负责的董事商量怎样订餐。我相信董事不可能选择五百日元的便当。以常识来判断，无论去哪家公司，这种便当都只值一百日元左右。

遗憾的是，这种事情确确实实在松下电器发生了。短短两个月内额外增加了六亿日元的经费，不管大家怎样努力，经费只会一直流失。越是总公司，越不应该发生这样的失误。大家的部门可能也有这样的问题，所以四个事业部才会出现亏损。

唯有满足严格的要求

松下电器拥有这么多优秀的员工和充裕的资本，公司上下认真努力，按道理说亏损根本不可能出现，所以这次事件远远超出我的想象。我认为，安慰自己做生意有赔有赚的人是弱者。经营者只要真正负责任地去做，每迈出一步都应该取得相应的效益。

很长一段时间，我一直和转包工厂打交道，扶植了不少转包工厂做大做强。每个经营者的风格都不一样。一般来说，取得盈利的、发展态势良好的承包工厂经营者都很可靠，即使砍价，也不会抱怨"老板，那样我就赔本啦"，而是常常回答："原来如此，我也调整到那个价格，我会努力协调一下，不过能请您等三个月吗？在此期间，我一定会努力达到您的要求，您放心，没有什么事情是做不到的。"优秀的经营者从不会说"老板，那样我就吃亏了"之类服软的话。

我也是这样。"那就按你说的五日元吧，当然

第四章　更严格，更认真

我也想挑战一下能不能降到四日元，不过这需要时间，我会竭尽全力。"因为最开始松下电器也办过转包工厂，最终一般会给出对方满意的价格。

我从来没有说过"老板，这样我就亏本了"这样的话。"这个只能卖五日元吗？""不是五日元的价格就划不来""明白了，做法不同，价格也不一样，那就五日元吧，当然四日元五十分我认为也有可能，我再努力调整一下。"对方听了这番话，只会认为你非常可靠，喜出望外。相反，一开始降价会失去先机。降价要有顺序，需要花费时间进行交涉。

有人来订货时说："这个产品得卖五日元才行。"如果回答"好的，一定满足您的要求""这个价格真的可以吗？"，对方回答："没问题，我们努努力。"这样一番交涉，生意可能就成功了。相反，一味坚持"不可以，这个价格我们就亏了，必须原价销售"，这种经营者绝对不会成功。

话该怎么说，或者该怎么让员工说，这个问题很难。答案像谜一样，交涉方式不同，决定着产品是否物美价廉。对方越擅长讨价还价，我们就越能学到东西，迅速成长。顾客买东西不挑剔，这当然非常舒服，但是过了一两年，这种工厂就很难有所发展，很快就会随波逐流。

公司经营困难，遇到挑剔的顾客就容易被欺负。不要认为这不合理，虽然顾客刁难自己，但我们可以一直保持思考的状态，考虑怎样降低产品价格。付出划时代的努力之后，不仅能让顾客高兴，推动社会发展，也有助于公司发展。

面对挑剔的客户时，我们要着眼于提升自己，满足顾客要求。

千里之堤毁于蚁穴

在座的各位负责各个事业部的发展，我从不认为会出现赤字问题。刚刚成立一年的事业部还处于准备阶段，经营亏损不可避免。但是松下电器实行事业部制度已有二三十年，却未能与时代同步发展，无论做什么，觉得只要别人没有意见就万事大吉，那就很遗憾了。要是以前，我可能会直接干预，告诉对方怎么做。但是现在松下电器人才济济，人数众多，我很难一一进行指导。我高度信任大家，只要大家说"没关系，我会想办法"，我会全权把问题托付给大家。

松下电器的员工有一万四千人，其中不乏二十年、三十年工龄的老员工，十年以上工龄的员工也有三千人之多。公司规模庞大，手把手指导员工"你应当这样做、那样做"并不现实，我也说不出口。尽管说不出口，看到公司最近的发展状态，震惊之余，我认为我还是得提醒大家。

今天的便当问题也是如此。今天我发现了，批评订餐人"你这么做可不行，有这么做事的吗？"，可能对方从明天开始可以改正。但是如果今天没有发现，这个问题就永远改变不了。如果被别有用心的人知道，就会传播谣言："松下电器已经不行了，不要再买松下电器的东西了，公司员工居然做这种事情，花五百日元买一百日元的便当，真愚蠢。"

一个便当损失四百日元是小事，但是失去信用和信任，我们就会错过重要商机，金额就不是四百日元，而是上千万日元。希望大家作为经营者、公司部分业务的参与者好好思考一下。

切记千里之堤毁于蚁穴。

坚决改革销售制度

有一件事情我要向大家报告，就是大阪将完全改变原有销售制度。从去年开始，行业竞争更加激烈，批发商之间的白热化竞争带来很多问题，松下电器对经销商的领导遭遇困境，公司很难充分指导零售商："这样卖怎么样，那样卖怎么样，难道不该这样做吗？"

失去对零售商的控制之后，公司的经营会逐渐弱化。为了防止三方的合作关系受到影响，我下定决心要改变销售制度，完善代理店的责任范畴，把大阪的代理店全部换为销售公司。

当今时代，包括拥有二三十年历史的老店在内，各家店铺纷纷改掉了个人名义的名称。为了追赶时代的步伐，顺应社会发展潮流，我们也成立了

第四章　更严格，更认真

大阪国家销售株式会社，各个区域的销售公司也更名为南区国家销售公司、北区国家销售公司等。到昨天为止，一连三天，我每天都邀请五百位零售商，向大家解释为什么要这样做，这样做未来会给经销商、代理商带来怎样稳定的销售业绩，所以这次进行了制度改革。

通过这件事我深刻感受到，松下电器销售产品，代理商从公司进货，这些长期以来的交易是基于多么紧密的个人关系，我学到了很多。

我们始终坚信物美价廉的产品一定能畅销，这是毋庸置疑的事实，但仅凭这一点还远远不够。为什么这么说呢？在我宣布进行销售制度改革后，五六家很有实力的加盟商①找我抗议。"虽然这次制度改革顺应时代发展潮流，但我们坚决反对。""为什么？""我们已经和很多店铺持续合作三十年之久，我们之间的关系已超出利益，是一种常年开展合作

---

① 以松下电器产品为中心的零售商。加盟制度始于一九三五年，废除于一九六五年。

关系。新制度一旦实施，这种合作关系就不得不中断，我们于心不忍。作为松下电器专营商，我们之前一直维持着合作关系，但是维系着我们之间关系的另一个重要原因是有这些店铺的帮衬，他们一直从我们这里进货，这种关系维持了三十年之久。因为时代的潮流或者经营合理化的需求就停止交易，我万万做不到。"可以说，超越利益之间的友好关系在推动松下电器的商品畅销全日本。

原来如此，世界就是这样。人与人之间的关系非常紧密，密切的合作关系推动产品销售。各家店铺、各家公司的关系不是一朝一夕建立的，也不是一朝一夕就消失的。

尽管如此，为了彻底改变销售制度，我还是下定决心请代理商们认可了新制度，该制度将从本月二十一日开始正式施行。

对不起诚恳的代理商们

销售制度改革是前所未有的创新。长久以来，

第四章　更严格，更认真

十家代理商都以个人名字冠名店铺，对外介绍自己是批发商和代理商，培养了一批忠实的客户。现在把个人名字删掉，让他换成国家名义的名字，相当于切断了与客户难以割舍的羁绊，开始推行的时候其实我纠结了很久。

请各位代理商遵循松下电器的方针，狠心断绝二十年来的业务往来，搭建全新的销售网络，其实这很困难。没有相当诚恳的觉悟完全无法实现，但是最终全部代理商决定配合执行改革。

基于彼此的深深信任，松下电器才能拥有这些客户和代理商，这些支持也是双方信任的证明。松下电器的经营应当对得起这份信任，生产客户满意的产品，现在经营过程中却出现了弱化现象，实在是对不起代理商们。

代理商始终支持松下电器的发展，甚至愿意遵守公司规定，改变店铺名称，断绝与老客户的合作关系，但是松下电器的员工们却存在懈怠的想法，并未付出百分之百的努力，真的非常抱歉。

爱斯基电机的伟大飞跃

有一家代理店名叫爱斯基电机。从去年六月份起,这家店铺开始经营松下电器等四家公司的商品,是一家综合批发商,拥有约百名员工,是大阪市内数一数二大的批发商。

去年六月我见到了爱斯基先生,我对他说:"爱斯基先生,您的销售力、经营力实在是很了不起,但是时代在不断变化,您经营这么多厂家的所有新商品,我其实有些怀疑您是否能顺利履行使命。现在是专业化发展的时代,不是强迫您专门销售松下电器的产品,但随着经营不断发展,我建议您把业务着重放在一家公司上,全心全意做一个牌子的生意。"

爱斯基先生应该也有所感受,所以马上表态:"确实时代在变化,您的意思我明白了。"听说他回去马上和员工商量,很快就决定:"下定决心吧,我们只做松下电器的代理商。"

当然爱斯基先生也表示,专门代理的事情还得和客户商量后才能最终确定,爱斯基不是一家公司,而是几百家零售商共同组成的整体,不能自己一个人独断专行。很快他就召集了所有零售商:"一直以来,我们公司代理越来越多的商品,承蒙大家的关照,公司才有了今天的发展。但是销售得越多,越难以提供真正意义上的周到服务,很有可能什么都抓,什么都抓不牢。所以和现在的多种产品代理相比,我认为应当集中精力在某家公司上,为大家提供很周到的服务。现在已经到了这种时刻,相比于万事通,我们更应该做某个领域的专家。"

各家零售商和爱斯基电机常年保持贸易关系,大家都很支持爱斯基先生的决定,很多人甚至是爱斯基先生的粉丝,理解爱斯基先生的所思所想。听了爱斯基先生的话之后,大家确实感受到在当今时代变革的必要性,认可了专营松下电器产品的决定。

爱斯基先生说:"如果要专营一家公司产品的话,我们决定代理松下电器的产品,不知道大家意向如何?""我们赞同你的决定,如果只选一家的话，那就松下电器吧，就这么决定。"在征得所有人同意后，去年六月份开始，爱斯基电机独家代理松下电器产品。

决定独家代理之前，爱斯基公司一个月的松下电器产品销售额约为三千五百万日元，再加上其他三家公司的产品，月销售额共八千万日元左右。决定独家代理时，有人曾担心销售额可能会减少三分之一左右，不过最终爱斯基先生还是下定决心迈出了这一步。结果去年十一月份，单是松下电器产品就卖了八千万日元，业绩十分惊人。果然这一决定是正确的，爱斯基的决定和我的建议都是正确的。

爱斯基电机的销售额保持在八千万日元左右的水平。因为商品种类减少到了三分之一，而且专营的是松下电器一家的产品，所以公司运营非常轻松。各方面的经费减少了，客户也很信任，公司运营进入良性循环。

经过更进一步的思考，爱斯基先生认为不能代理松下电器的全部商品，要更加专业化，更有针对性，最终决定专营电视机产品。半年前爱斯基电机

第四章　更严格，更认真

有一百名员工，经营松下电器等各家公司的产品，半年后改为专营松下电器电视机。老实说，一开始我很担心，因为电视销售并不稳定，还想着建议对方是不是做广播、电视两个品类，但是爱斯基先生只想背水一战，最终选择电视机一种商品。

"这样完全可以"，爱斯基先生说，"我一定卖出一亿五千万日元给你看，不过得麻烦松下先生教授全体员工，尤其是女性事务员电视知识。我要把全部精力放在电视上，满足大阪地区千千万万客户的需求。"最终爱斯基电机取得了巨大飞跃。

更让我吃惊的是零售商的反应。爱斯基电机的销售额高达八千万日元，客户几百家，大家都是爱斯基先生的粉丝，大家为爱斯基先生担心："爱斯基，只卖电视可以吗？如果卖不出去怎么办？""你再重新考虑一下，松下电器要是同意的话，当然我也没有意见。"爱斯基先生回答道："不，是我希望这样做的，现在是全心全意发展电视机的时代。""你下了这么大决心，肯定没问题。"最后零售商们一番担心之后终于决定继续支持爱斯基先生。销量取得了巨大飞跃。

划时代的创意努力

大家所负责的经营工作方面是否有飞跃呢？去年六月以来，大家的想法是否有所改变呢？人的想法不能一直不变，必须与时俱进。松下电器的工作取得了飞跃，各项工作发展得很迅速，大家都在以背水一战的想法努力工作。

很多情况下，人们认为出现赤字也没有办法，这万万不可以。所有赤字都有原因，没有人愿意吃亏。这样做生意肯定能赚钱，这次售价较高，所以赚得少，等等。人们经常为自己的失败找理由，我认为这完全没有必要。

去年五月二十一日，我向大家表示过："现在我们面临着前所未有的萧条，大家一定要慎重考虑。"那么大家考虑了多少呢？肯定有人考虑过，但肯定有人对这种警告并不在意，当然这其实并没有恶意。这些人出于对公司和行业的信任，相信发

第四章　更严格，更认真

展前景，这本无可厚非，但是始终抱着这种心态安逸生活，那绝不可以。

大家要对自己的工作负起十二分责任。每天扪心自问，自己是否至少履行了百分之八十的责任。这是对职场人士的基本要求，同时也是责任者必须履行的义务。

不管舆论如何，坚持自己的责任，纠正自己的错误，我相信之前的亏损就不会产生。赤字是没有做好的证明，出现赤字的一半责任都在于我、松下电器社长。没有人向我提出建议，我不仅要向别人提出要求，也希望大家对我提出要求，大家共同努力。

今年一月十日发布会上，我把今年定义为"发展之年"。我们不能一听一过就结束了，要切实了解处境的艰难，下功夫寻求划时代的创意，并在执行层面积极探索划时代的方法。唯有如此，我们今年才能夯实发展的基础，寻找划时代的创意和方法，提升执行的创新水平。只有员工找到完全改善的方法，我们才能切实发展。

这一点也请大家好好思考。大家每天工作都很努力，松下电器的员工一直是勤奋的代表，备受好评。但是时至今日，单靠勤奋无法解决问题，现在是困难时代，大家要培育生产新产品，向着社会划时代发展的方向思考，大家是松下电器的重要组成部分，期待听到大家的真知灼见。

这两个月的业绩出来之后，今天终于有机会和大家坐下来一起分析问题，今后我们必须切实解决各种问题。虽然有困难，但是我们一定能想到解决办法，一定有办法解决问题，我们不会陷入僵局，也不能只想不做，否则只会陷入僵局。

最近若乃花力士晋级为横纲。他的身体素质固然好，但这还远远不够。据说他比任何人都热衷于练习，比赛虽然只有短短的一分钟，但他每天都要练上两三个小时，接受严苛的训练。正是这种不懈努力的精神，最终助力他获得了横纲桂冠。行业发展也是如此。着眼于社会的发展，我们要切实履行工作责任，努力下功夫，经常用心思考、真诚做事。

今年就拜托各位了。刚才我啰啰唆唆说了很

多，相信大家已经充分了解情况。现在还不晚，还有挽回的余地，大家不用过度惊慌。不过大家如果一直对此保持沉默，事情可能就无法挽回了。

如果是过去，只要有一块金字招牌，两代人都能吃穿不愁。现在这个快节奏的时代则没有这种保障，今天的胜者也有可能成为明天的失败者。

紧急经营报告会
1958年2月11日
于松下电器总公司（大阪）

第五章

供应商和行人都是顾客

路人也是顾客

·稍有进步,人就容易沾沾自喜,导致止步不前。如今日本到处都是原地踏步、忘记使命、只顾自己的人。

·出入公司的人是客户,路上来往的人也是客户。虽然大家互不相识,不便交谈,但是如果遇到了认识的顾客,我们一定要和对方道谢:"感谢您每次的支持。"

·网罗受社会欢迎的人士,打造对社会有帮助的好公司。

第五章　供应商和行人都是顾客

发布会的盛况体现公司的发展

大家新年快乐!

按照惯例,我今天将公布本年度的经营方针。以顾问野田哲造先生为首,公司干部、松下电器相关公司的董事也出席了本次具有深远意义的发布会,非常感谢大家!

大家都知道,今天发布会的会场是松下电子工业去年秋天新建的员工福利场馆。去年的会场是三国工厂新建的员工福利场馆,今年与会人士众多,三国工厂会场会有些局促,所以将新场馆作为会场。

出席发布会的人数逐年增加,今年比去年增加了八十人左右,超过了九百四十人。这侧面反映了松下电器的发展,实在令人喜悦。在接下来的大约两个小时里,我将详细谈谈公司今年的走向和我们的想法,稍事休息之后进行一个小时左右的答疑,便于大家充分了解今年的经营方针,推动公司迈出新一年发展的有力步伐。

完全达成了去年的目标

首先是去年成绩的报告。去年公布的经营方针中包含很多内容。生产销售总额方面,去年上半年的预期目标是二百五十亿日元,下半年的目标是二百八十亿日元,这是可以完成,也是必须完成的目标,年度预期目标是五百三十亿日元。

随着公司对做法和需求的调整,全年生产销售总额还有二十亿日元的上浮空间。那么具体结果如何呢?上半年的预期目标是二百五十亿日元,最终实现二百五十六亿日元,超过六亿日元。下半年的目标是二百八十亿日元,最终实现二百八十二亿日元。上半年上浮了六亿日元,下半年上浮了两亿日元,共计完成了五百三十八亿日元。

上下半年的目标均已达成,不过遗憾的是,浮动的二十亿日元只完成了八亿日元,并没有完全达成。不过去年松下通信工业从公司分离出去,直接影响到四亿多日元的销售额,加上这个数字,二十亿日元的浮动目标相当于完成了十二亿日元。

虽然与预期浮动目标相比大概少了八亿日元，但是从全年目标来看，在大家的辛勤努力下，生产销售总额增加了十二亿日元之多，请允许我向大家表示深深的感谢。

发展态势良好也不要疏忽大意

虽然取得了这样优异的成绩，但是考虑到去年公司的实际运行情况和动向，我想和大家说，与往年相比，实际上去年提出的目标相对保守。从前年的五月份开始，日本就进入了经济萧条期，我们必须把这种情况纳入考虑，此外还有以下因素：

首先，松下电器这几年发展态势喜人，特别是1956年、1957年那两年，尽管目标很高，但是实际增长了更多，实在是可喜可贺。接连取得优异的业绩是好事，但我认为我们还需要对此进行深刻思考。

发展态势良好，人就会变得更有精神，想法也会不断涌现，推动人去思考更多。幸运的是，到

1957年为止，松下电器一直保持良好的发展势头，持续的良好发展容易让人放松警惕，我也曾担心公司内部是不是有所松懈，过去的历史多次出现这种悲剧。

去年是萧条之年，与经济不景气相呼应，公司去年并没有一味上调目标，而是进行了内部整顿。经济越不景气，越要改善内在结构，这是最恰当的做法。

大概从前年五月份开始，我就再三提醒大家可能出现的经济萧条、松下电器的对策等，并向大家提出了各种要求。我多次强调，越是这种时候，我们越要加强内在修炼，多加反思，抓住这次绝佳的机会，应对经济下行的挑战，这种想法得到了大家的赞同。

纵观松下电器去年的经营，与其说是一路迈进，不如说是一直在审时度势、不断改善。为了完善内部发展，去年的目标设定得也比较保守，这一点希望大家有所了解。

只要我们确实通过这种方式完善了内部，今年的飞跃发展将会载入史册。

远没达到内在充实的程度

实话实说，去年我感受到了一些不尽如人意的地方。在我看来，公司全体员工已经进行了充分的自我反思，今年将脚踏实地，争取公司的飞跃发展。不过正如我在前面提到的那样，去年出于内在完善的想法，目标设定其实有些保守。

我不认为大家存在不足，也没有任何指责的意思，大家千万不要误会，但是上面的问题确实值得我们思考。

一直以来，前辈对我们耳提面命，告诫我们"胜不骄，败不馁"，只进不退必然遭遇挫折。就我个人的理解而言，这意味着不能一味前行，要适时后退，充实内心。这也是松下电器去年发展的底层思维。道理是这个道理，但是实践起来却很难。在松下电器不断前进的进程中，我们拥有了三倍，甚至四倍的智慧和才智，坚定了脚踏实地发展的信心。

放慢前进的步伐，转向充实内在，理论上这完全成立，但是实践起来却很困难。偶尔放慢一下脚步，充实一下内心确实很不错，但这也不可避免地导致精神松懈。相反，从不懈怠，将压抑的前进力量转化为充实的内心，这需要相当的修为和反省之心，所以这种人才能够取得卓越的成绩。

我们的修为还没有达到这种境界，只有心怀前进和跃进的希望，才能不断增进自己的智慧和才智，拥有充实内心的力量。回首过去一年，我感觉这才是我们的发展方向。

从过去一年同行企业的业绩来看，无论是销售增长率还是利润增长率，我们公司未必能走在前列，甚至与以往的顶级水准相比，这些数据还下降了不少。这一点我们要有清醒的认识。考虑到经济萧条、充实内在的目的，我们的目标设定得比较保守，但是同行公司却采取了比我们公司更积极的措施。

公司达成了预期目标，在此限度之内，我们还要实现充实内在的另一个目的，所以增长率放缓不可避免，这也在我们的预期之内。之所以这么做，是为了对即将到来的飞跃做好万全准备，如果没有任何进步，我们就应当深刻反省去年的经营方式了。

"我好，别人也好"

我们不能只想着战胜他人，提高自己的增长率。

过去，我们一般会基于公司的基本理念制定发展目标，综合考虑各项数据。松下电器是社会的一员，我们不能只考虑自己，必须站在社会发展大局进行思考，从行业发展的宏观形势出发思考，达到"我好，别人也好"的目的。到目前为止，松下电器的业绩和各项数据都是这样权衡制定的。

作为参考，我来列举一下二战后公司重建阶段，也就是1950年以后的业绩。销售额方面：

1950年 二十七亿日元
1951年 五十六亿日元　　增长二十九亿日元
1952年 九十亿日元　　　增长三十四亿日元
1953年 一百三十九亿日元 增长四十九亿日元

1954年 一百七十五亿日元　增长三十六亿日元
1955年 二百二十亿日元　增长四十五亿日元
1956年 三百一十二亿日元　增长九十二亿日元
1957年 四百三十二亿日元　增长一百二十亿日元
1958年 五百四十二亿日元　增长一百一十亿日元

这些成绩的取得不是松下电器排挤别人、片面追求自身强大的结果。我之所以说这些数据，是想激励大家，希望大家在竞争中胜出，今后我还将继续说这些数据。

但是我们必须认识到，这种竞争只有在正当的行动中才有意义。不能只关注松下电器一家的繁荣，我们要共同关注行业的发展，履行社会繁荣的责任，这才是我们存在的意义，是松下电器经营的理念和基础。

到目前为止，松下电器在某些年份的发展相当迅速。我们时常告诫自己，想必各位也清楚，那就是一定不要进行排他竞争。也就是说，无论竞争多么激烈，都不能盲目降低价格，违背经营原则。否则只会让整个行业陷入混乱，而不是向前发展。如果经营者都想着进行排他竞争的话，日本产业界将会陷入混战，违背行业发展和社会繁荣的大原则。虽然这种发展方式并不容易，但我们一直在为寻求正常道路而努力。

考虑到去年的经济萧条和正常的定价机制，我们最终设定了去年的目标，并朝着以合理形式充实内在的方向发展。此外，经销商和代理商的利益也是我们必须考虑的要素，极端竞争的结果影响深远，导致很多消费者对价格不信任，我们必须想办法打破这种状态。为了整个行业的发展，贸然增产并不可行，必须在确保服务好大众的前提下，进一步优化生产和销售。

随意推销也是行业大忌，可能引发不正当竞争，影响正常价格机制发挥作用。行业真正的发展必须以稳定为前提，去年数据出炉之后我坚定了自己的判断，今后也不会改变这种想法。

坚实的思想和步伐，这才是社会对松下电器的期待。

被诽谤也不批评

关于竞争我想再谈一下,竞争归根到底谋求的是正确意义上的行业发展,以此推动社会繁荣,这是绝对不能偏离的轨道。为了在竞争中获胜,造谣诽谤别人的做法绝不可取。别人诽谤我们时,贸然应对是心灵脆弱的表现。

我们要实现真正意义上的强大,心怀觉悟,这样才能微笑着迎接挑战。包容对方,不伤害对方,在自己的领域里突飞猛进。为了竞争而诽谤别人,这是鼠目寸光的行为,简直无聊透顶。

松下电器的粉丝逐年增加。以粉丝为中心,我们心怀感恩,脚踏实地开展工作。即使别人诽谤松下电器,我们也没有必要指责对方,松下电器会一直发展下去,请大家铭记。

我们应该做什么

去年是大家充实内在的一年,我们充分发挥积

第五章　供应商和行人都是顾客

蓄的力量；今年将是松下电器飞跃发展的一年，我们将实现划时代的发展，推动行业整体的发展和社会繁荣。

下面我将举出一系列数据，介绍今年的工作目标。今年的销售目标上半年是三百三十亿日元，下半年是三百六十亿日元，合计六百九十亿日元。从去年的情况来推测，这一目标完全有可能实现。加上本年度入职的人员，公司总人数今年将接近两万人。之前说过公司人数要控制在一万七千人到一万八千人，销售额达到八百亿日元。遗憾的是我们在合理化这一点上做得还不够，希望大家群策群力，好好想想对策。

说到这儿，我想起了丰田汽车的石田退三社长。作为经营者，他很优秀，五六年前就在考虑如何在不增加人数的基础上提升三倍工作效率，这样公司会发展得更好，员工待遇也能得到保障。他下定决心施行之后，发现效果很好，所以丰田近年来没有增加员工，业绩却上升了三倍。

石田社长下定了巨大决心，决定完不成目标就直接下台,并和干部们表达了自己的想法。干部们纷纷效仿社长的做法,全体员工齐心协力,取得了堪称完美的结果,员工们的待遇也远超其他公司。如果石田社长不抱任何期待,为了把业绩提高三倍而增加三倍员工的话,现在丰田的业绩恐怕不会有任何增长,员工的待遇甚至会变差,今天的成功就无从谈起。

现在,日本甚至向美国反向出口汽车,这得益于丰田的成功改革,还有丰田竞争对手——日产汽车为了改善经营做出的巨大努力,两家公司势均力敌,共同对抗美国车企。这不仅仅是两家公司的繁荣,日本的汽车已经进军美国市场,今后肯定会进军中南美洲甚至全球,两家公司承担着日本经济发展的重担。

这样来看,松下电器的努力还远远不够。当然行业不同,想法不一,情况也千差万别,但是我们至少应该以此为参考,积极思考自己应该怎么做。

第五章　供应商和行人都是顾客

作为产业人的真正骄傲与喜悦

对于刚才提出的目标，我认为我们完全可以做到。如果认为自己做不到，那就肯定做不到。相信自己，结果就能遂意。在丰田汽车发展的过程中，石田社长始终坚信自己可以做到，大家也认为自己可以完成，因此最终取得了满意成果。如果石田社长没有这种表态，员工也不赞成的话，今天的丰田汽车恐怕难以取得这样傲人的成绩，日本将长期依赖外国进口汽车。

我们的工作方式和想法不仅会影响自己，也会影响到公司，甚至整个国家。为自己的工作感到自豪，深感工作的宝贵和责任的重大，我们就能感受到作为产业人的真正骄傲和喜悦。

刚才我介绍了一连串的数字。我坚信我们可以完成这些目标，但是相应部门必须在各方面做出巨大努力。比如大家可以反思，这样的销售制度可以吗？制度没问题的话，销售目标可以顺利完成吗？不仅仅是日本国内的销售，向海外市场的发展是否在有力推进？为此我们制定了很多措施，今后我们也会逐步实施。

我们必须重新审视海外贸易和国内市场，以期准确无误。

确保合理的利润才是真正的经营

众所周知，前些天我们对国内的销售制度进行了重大改革，把大部分代理商都改成了销售公司，采取系列销售的模式。

系列销售改革打破了代理商和经销商之间悠久而牢固的纽带。

为什么我们要这么做呢？这对增进销售是否必要呢？其实我并不认为这种改革是促进销售的必要条件。在并非绝对必要的情况下，为什么我们坚持克服困难、切断这种羁绊呢？正如刚才所说的那样，这主要是为了谋求经销商利益的稳定。

自古以来就有"一将功成万骨枯"的说法。过去封建时代，一国之主或者将军取得很大成就，这背后是无数将士付出生命的代价，所以才有了这种说法。虽然这两件事有点不同，但我认为，所有与公司有关系的人必须在确保各方正确得利的情况下开展工作。只有这样才能成就真正的经营。

不仅仅是松下电器，所有的生意、行业都要确保国民正当得利，不断努力保持局势稳定。不考虑这些就盲目推进生意，在今后的时代这种做法不可原谅。虽然有时会造成暂时的销售困难，或者遭到反对，影响销售情况，但这是我们必须践行的使命。

幸运的是，大家都赞同我的观点，纷纷成立了销售公司，切断了和其他公司的联系，我们非常感激大家的配合。

提高销售公司的经营能力

本制度实行之初，制度步入正轨之前，销售额未必会有明显增加。从以往的经验来看，代理商做得不好，经销商做得也不好，销量多少会受到影响，不过只要努力，还是有希望增长。但是原则上这种状态是不可持续的，为了打破僵局，我开始推进系列化改革。

销售公司的经营步入正轨之后，与使命职责相称的经营能力也会随之提升，这才是最好的解决方案。代理商、经销商、客户三者之间建立正常的销售关系，保证各方稳定的利益。用户对价格抱有不信任感，一边砍价一边感到不安，这对用户来说绝不是一件好事。只有完善销售体系才能实现正常销售，达到为用户服务的目的。

销售方式的改变可能会造成一时的销售降低，这不是制度的问题，而是公司经营水平的问题，关键在于培养具有经营能力、善于完善业务的经营者。

今年我们要继续努力，推动成立的销售公司有力开展活动，提升经营能力，逐步实现销售目标。通过这种方式稳定生产和销售、确保利润稳定，当整个产业界形成这种良性的共识，社会的繁荣自然水到渠成。为了达到这种目的，我会努力克服各种困难。

去年我们请代理商切断了之前的业务往来，今年为了提升销售公司的销售能力，也就是所谓的经营力，还要辛苦各位多多费心。

调动干部的所有热情

贸易方面，今天松下贸易的各位也出席了会议。由于销售额不断增加，贸易总额逐年攀升，这非常好，但是增长方式和增长率有些滞后的倾向。

今天现场点名提到了贸易公司，其实我感觉非常抱歉，而且松下电器本身也有一半的责任。换句话说，生产适合贸易的产品还远远不够，有些商品并不适合参与贸易，却依然逐年增加产量。

依照战后法律规定，松下电器与松下贸易断绝关系，再次恢复合作关系，已经是七年后的事情了。在此期间，松下贸易亏损了数倍资本金，实际上，松下电器与其重新开启与松下贸易的合作关系，倒不如重开一家公司更好，因为松下贸易的业务发展得并不理想。松下贸易完全摒弃了松下电器的经营精神，暴露出各种缺陷。但是社会并不这样认为，他们将松下贸易当作松下电器的子公司，与之做生意，甚至还借款给它。

考虑到这一点，松下电器虽然在法律上没有任何责任，但是与其开设新的贸易公司，还不如接纳松下贸易，重新将它定为松下电器的贸易公司。最后松下电器决定接手亏损公司，并承担起相关债务，再次将松下贸易纳入公司旗下。之后的几年，贸易公司的负责人充分理解公司的政策，虽然状态依然不佳，但是现在已经扭转局势，基本赢利，贸易额也在逐年增加，对此我深表感谢。

仔细思考一下松下贸易的实际情况，就像刚才我说的那样，松下贸易的发展速度还是有点慢，还有很大的提升空间。松下电器在生产贸易产品的过程中还欠缺考虑，希望各位公司同人多多思考对策。换句话说，为了拓展松下电器的海外市场，贸易公司应当生产何种产品呢？必须考虑什么呢？贸易公司的各位一定要不断提出方案，哪怕到了松下电器员工不胜其扰的程度，也要调动松下电器干部的热情协助松下贸易发展。

绝不原地踏步

任何生意都是如此。不引导客户转向自己，公司就无法发展。不管对方是谁，和对方进行交易，只要双方的目的是共同发展，就一定要争取对方支持自己。这一点不成功，就不会有事业的成功。那才是正确的态度，必须彻底完成，而且也不是什么特殊要求，世界上很多人都这样做。

贸易公司的各位一直兢兢业业地努力工作，我想向大家表示感谢。但是从更高的角度来看，还有很多地方需要思考。一直这样下去，十年后也不会有划时代的进步。

松下电器今后也会更多考虑松下贸易是否符合公司的发展要求、是否足够强健有力。经营者不能只站在某家公司或自家公司的立场上看问题，而是要充分把握公司里有什么人，自己有什么期待，在这种看法的基础上考虑问题。

松下贸易不是一个人的贸易公司，里面有我和大家的心血。大家要站在各自的立场上分析松下贸易的问题，推动行业、业务和部门取得进步。

松下贸易发展得越完善充实、越符合社会的期待，越能迅速承担社会职责，这是我们的职责所在。如果忘记了这一点，松下贸易的发展就会止步不前。这些听起来很可怕，其实都是事实，而且在日本随处都在上演。无论是政治家还是教育家，很多人忘记了原本的使命，只顾一己私利。这种事情绝对不允许在松下电器发生，无论是社长还是部长、课长，都不许有这样的想法。

很多人稍微有些进步就会自命不凡，产生骄傲自满的情绪，这必将阻碍公司和社会的繁荣，绝不可以发生。工作不是个人的特权，是社会根据要求赋予我们的使命。我们要让自己的态度符合自己的使命，为社会做出相应的贡献。我经常反省自己是否有这种觉悟，当然有时也会有懈怠的情绪，但是从不敢真正偷懒。每年我都会全面地进行自我反省,告诉大家自我反省的内容和灵光一现的感悟。

上面这番话不只是对贸易公司的提醒,也是对所有人,包括我自己在内的提醒。我们不会马上完全实现这一目标,但是调整一下思考方向,就会产生新的结果。每个人都要履行自己的责任,这是企业和社会持续发展的重要因素。

每家工厂都达到世界水平

既然提到了贸易公司,我还想提醒大家一点,那就是制造流程其实有同样的需求。

制造方面,多亏了大家的努力,松下电器在生产设备、生产方式、质量管理等各个方面取得了长足的进步。但是无论做得多么好,还是需要不断努力去适应社会的进步,汲取别人的优点,寻求更好的道路。

今天我向大家介绍了松下电子工业的高槻工厂,这家工厂引进了国外先进技术,以相当的热情投入工厂运营和建设，希望大家能把这里建设成为世界水准的工厂。

前几天，我获得了日本质量管理方面的最高荣誉——戴明奖。虽然是第一次参选，但是由于公司取得重大突破，最终松下电器获得了高度褒奖，这是进步的一个体现。大家可以参考高槻工厂的发展经验，应用到各自负责的工厂当中，相信每家工厂都想逐渐靠近世界水平。

供应商和路人都是顾客

像高槻工厂一样，今后松下电器要接连不断地建设新厂房，因此建筑需求会增加不少。

松下电器的很多产品与建筑相关。相比于松下电器向建筑公司订货的金额，对方订购松下产品的金额要多得多。换句话说，本以为我们是采购商，其实发现对方反而是我们更大的客户。各家建筑公司来道谢："课长，感谢（松下电器）给我提供这么好的建筑材料。"如果我方负责建筑业务的人只

第五章 供应商和行人都是顾客

轻描淡写地回复一句"辛苦了",那我们松下电器将会失去这些建筑公司客户,请大家务必好好考虑。

我们一定要和建筑公司的客户好好相处,不要以为自己采购数量更多。也就是说,大家在与建筑公司客户相处时应该保持谦逊的态度,比如可说:"您的公司开展大量的建筑业务,请偶尔也考虑用一用我们松下电器的产品。"

松下的不少建筑部门负责人都来参加今天的大会了,拥有越多的建筑公司客户,我们工厂的发展也会越迅速,甚至可以卖出日光灯等各种产品。请大家反思一下,大家有没有粗鲁地对待过客户呢?如果回答不上来,我觉得这样的人就不能胜任课长的工作。

建筑公司的客户客气地称呼大家"课长先生",希望能够承接建筑工程,说法非常客气礼貌,让人如沐春风。如果交往过程中我们给对方留下一种虚心学习的好感,对方就会觉得:"松下电器真让人佩服,像对待重要的客户一样对待我们这些经常出入的建筑公司的人。下次工程中,我们就用一下松下电器的东西吧。"这就是水到渠成的人情世故。相反，如果非常高傲的话，对方会觉得："有什么了不起的呀，我们态度这么谦虚，他却一副不可一世的样子，下次我们还是用别家公司的产品吧。"

不仅仅是建筑公司，所有出入公司的人都是我们的潜在客户。大家知道，松下电器的产品几乎销售到了世界的每一个角落。所有人都可能购买过松下电器的产品，所有生意都可能以某种形式用上松下电器的产品。同样，路上的行人也是我们的潜在客户，甚至可能大量购买我们的产品。我们与路人互不相识，擦肩而过时也不会说上一句话，但是一旦我们相识了，就要客气地跟对方低头致谢，说一句："感谢惠顾！"

刚刚我以建筑为例，简单介绍了自己的想法。我尤其想对负责采购的各位同事说，大家负责公司的采购工作，会有很多和其他人接触的机会，希望大家抓住多方学习的机会，即使身为甲方，也可以展示自己谦逊的一面。比起销售人员拼命努力，采购人员这样做的效果会更加突出。

这些客户、供应商是否会跟松下电器表达不满呢？答案是经常能听到供应商表达不满的声音。这是不正常的。正常来讲，我们应该听供应商表达喜悦和感谢才对。供应商表达不满，就说明松下电器的采购人员没有尽到诚意，没能真正将供应商视为重要的（潜在）客户。

这需要我们彼此都认真思考。从采购者的态度可以看出公司的真实想法。采购和销售不同，我们是买入的一方，所以会暴露我们的真实态度。如果双方都以诚相待，互相拿出最大的诚意，交易会更加顺畅，双方也会更加感恩。谁也不想因为买贵了而被嘲笑，请负责采购的同事们好好考虑一下。采购员是松下电器人格的体现，希望通过大家的努力，展现出松下电器公司的优秀风采。

积极鼓励技术人员前往海外留学

技术方面，其实我现在仍能听到"松下电器的技术自成一派"的说法。

当然松下电器有很多部门，并非所有部门的技术都完美无缺。没有哪家公司、哪个部门一直完美。我们要反躬自省，精益求精，一直保持这种努力的状态，但是同时对实际情况也要有正确的认识和信心。

这里我不得不说一句。因为松下电器是所谓的"小作坊"起家，所以还存在轻视技术的倾向，有人不经意间会说出这种自我贬低的话，对实际情况缺乏认识。就拿高槻工厂来看，欧美发达国家的代表团来考察时，一致认为这里拥有远超世界水平的技术和设备。

另外，从松下电器工业产权申请公告数量来看，去年松下电器的专利申请公告数量居全行业第三位，实用新型申请公告数量排在第二位。申请公告总数方面，松下电器排名第二位。当然工业产权申请公告数量越多，未必意味着技术更加完善，不过这是公司技术研究蓬勃发展的一个集中体现。

松下电器的技术一直保持领先状态，所以我们有底气抓住一切机会回击社会上的无礼批评。

在推进全球发展的基础上,我们还要谋求进一步的改善和提高,加大技术人员的培养力度。目前不少松下员工都参与过海外考察和研究,我想从青年员工中挑选合适人选,派遣到海外公司工作一年或两年的时间,或者送往国外高校留学。派遣的人数会逐年增加,不仅仅是技术领域,整个经营范围内都会全面实施人才培养计划,当然今年首先从技术领域开始试水。

虽然技术提高的影响因素很多,但不管怎么说,技术人员要有自己钻研、自我提升的坚强心态,这一点很重要。技术人员的自我钻研就是自我修炼,这是真正提高技术的基础。目前各个领域都有很多机构资助具有自觉性和上进心的人赴海外进修学习。

如果是以前,即使本人想学,因为缺乏进修的机构,往往难以成行。即使如此,仍有许多人历尽艰辛,精益求精,创造出了优秀成果。相比之下,今天各位更有福气,大家更要自强不息、主动进取。特别是最近的年轻技术人员,大家往往是各所优秀学校的毕业生。进入社会后，不要等待别人引导，一定要养成主动学习、自觉进步的心态。

人与人之间缺乏和谐，技术的真正力量就无法发挥。各部门负责人在培养员工主动进取精神的同时，还要特别注意平衡人事关系。

凡事皆有度

下面我想谈谈人事。每年我都会谈到人事问题。众所周知，优秀人才的培养是个难题，其实优秀人才的定义也很模糊。按一般常识来说，会集了受社会欢迎人才的公司才是好公司，也是对社会有益的公司。从这一层面来看，好的公司和优秀人才互相成就。

每个人的个性不同，习惯也有所不同。有人喜欢喝酒，有人喜欢吃包子，尽管喜好各不相同，但每个人都享用着喜爱的美食，做着喜欢的事情，享受着人生的快乐。

不过这种生活存在一定的限度。存钱也好，花钱也好，存过了限度就是吝啬，花过了限度就是大手大脚，处处欠债。不管是哪种过激行为都是世人所不推崇的。在收入允许的范围内，一定程度的消费完全没有问题，但是如果超过合理范围就会引发信用问题，最终波及身边人甚至是公司。

凡事要有限度，而尺度的划定最为困难。我们一定要时刻留意是否做得过火，不要有所顾忌，随时相互提醒。注意的公司与不注意的公司在十年后会有巨大差距。松下电器也要高度注意这一点，做什么都不要超出限度。大家要对各自的工作抱有兴趣，胸怀使命感和责任感认真完成。

员工训练、培训等也要以此为中心进行考虑。就像现在我提到的那样，从符合常识的角度来培训员工。

人事交流、薪酬和工会问题

现在公司必须考虑的一点是，几乎所有的公司都有一定程度的人事变动，但松下电器的人事交流却少之又少，几乎没有。

有个词叫"合理安排"，两个人性格合不来，工作中自然难以相处，不过只要调换到不同的部门就可以有效工作。这种调整至关重要，或者说必须做到。希望各部门的负责人深思熟虑，做出合理的人事安排。

从公司的立场来看，为了开展重要工作而进行的人事调整十分重要。大家如果发现公司人事方面的问题，请不要有任何顾虑，一定及时告诉我。自己不方便的话，至少要和上司沟通，保证每个人都可以愉快地工作，今年我也想继续改善人事问题。

薪酬问题我一直在研究，今年想进一步深化成果。

凡事都有限度，工资也是如此。松下员工必须拿到与公司实力相符的工资，以及与日本国民综合实力相符的工资，这是不变的前提。随着国民力量、公司力量的增长，员工的工资必须提高，这理所当然。

工资平均化也是一个重要问题。当今社会，财富越来越集中化,富人少,穷人多,这样的世界并不健全,阻碍了社会和谐。众生平等是一个问题,虽然贫富差距不可避免,但是我们可以通过努力缩小差距,这也是全体国民的责任。在这样的想法指导下,希望松下员工的待遇最大限度符合大家的期待。

关于工会我想再提一下,日本从二战后的萧条中迅速恢复,其中重要的一个原因就是工会。工会提升了普通劳动者的收入,这才是日本发展的应有姿态。

工会的健康发展至关重要,松下电器很早就注意到这一点,推动工会健康发展。只要涨薪要求在合理范围内我们都是尽量同意的。今后我们对工会的态度也是一样的,将继续推动工会的完善和发展,我们相信工会的完善和发展将会推动整个社会健康发展。

在座的各位当中,很多人并不是工会会员,但是这不影响我们抱着相互理解的心态与工会和谐相处。对于工会的过激做法,我们要拿出诚意认真沟通，说服对方进行调整。我们要共同推动社会稳健发展，共同重建我们的国家。

正当把握和发挥自己的本质

明治维新之后仅仅四十年间，日本就跻身世界一流国家。这一成绩证明了大和民族是优秀的、值得自豪的民族。但是后来呢？随着实力的发展，日本妄图称霸世界，因为过度的民族自信心而骄傲自满，最终误入歧途。

回望历史，大和民族的素质极为出色。如果能充分发挥这种优秀民族特性，日本完全有可能重回世界一流水平。我们要胸怀一流国家、优秀民族的全球责任，为更多的国家服务，大和民族就会永远繁荣兴旺，带来美好的幸福。

这对公司经营者以及相关人士来说非常重要，我们必须时刻牢记在心。

贬低自己绝对不行，过高评价自己也不可以。我们要正确把握自己的立场、姿态和本质，发挥自己的真正实力。只有这样才能真正创造出人类幸福，最终实现真正意义上的和平。

从这个意义上来说，今天宣传活动的前提也是正确把握并激发自己的本质，遵守公司的经营方针，其他形式的宣传有百害而无一益，我想再次恳请各位按照这样的基本方针开展宣传工作。

想说的其实还有很多，但是时间十分有限，今后我会找机会和大家再聊聊这些话题。今天我们介绍了本年度公司的经营方针，虽然未能面面俱到，希望大家会后充分领悟，向下级员工认真传达，大家团结一致，胸怀生产发展的神圣使命，愉快开展今年的工作。

非常感谢大家！

> 松下电器1959年经营方针发布会
> 　　　　1959年1月10日
> 于松下电子工业福祉会馆（大阪）

第六章

不断磨炼本领了吗

路人也是顾客

·实力的提高需要不断训练。横纲之所以强悍，身体素质固然很重要，更关键的是通过大量训练锻炼身体。

·艺术品创作很耗费时间，有时甚至需要花上三年才能完成。但是我们的工作需要保持实用价值优先，错过时机将失去竞争先机。

·"次品高价"谁都能做到，但是"优品低价"却很困难。

·有部下的人，要充分发挥自身的实力，更要充分发挥部下的能力。

松下电器以人为本

大家早上好,各位请坐。

今天没有什么新鲜事,想和大家交流一下彼此的想法。我一直期待抽出时间和大家聊聊天、谈谈心,可惜一直很忙,今天终于有了时间。今天我先谈谈自己的想法,下次咱们再开会的时候围绕今天的内容,由大家进行提问,我来一一回答。

今天我想谈谈以人为本的公司经营。围绕着公司这一组织可以衍生出很多问题,但是公司永远是次要的,人才是最重要的。以人为本,发展公司,松下电器才有了今天的规模。

国家之类的政治机构虽然产生在前,但是最终执掌国政的主体还是人。松下电器目前的发展一直处于向上的状态,这都是以人为本的结果。为了发挥人的才华而成立组织,这才是正确的想法。

未来松下电器会发展为更大的经营体,以组织为中心,吸引更多合适的人才,这样的时代可能会到来。当然现阶段我们不要考虑这些,还是要以人为中心开展各项工作，发挥人们各自的能力才是最为重要的问题。

发挥领先一步的实力

这一道理适用于任何情况。以松下电器为例，人员的能力、人员的实力至关重要，员工的实力最终构成了松下电器的实力。

大家每天在各自重要的岗位上拼命努力，取得了耀眼的成绩，对此我深表感谢。然而我们不能忽略的一点是，时代发展瞬息万变。国际上，苏联和美国正在开展激烈的太空竞争，这是世界竞争的趋势，同样也是各行各业发展的趋势。领先一步具有重大优势。其实技术也好，销售也好，宣传也好，我们所在的行业竞争也非常激烈，公司的实力决定所有问题，综合实力的缺乏将直接反馈在业绩上。

迄今为止，某些旧思想是根深蒂固的。一旦名声和品牌打出去，商家就能靠着名声和品牌吃饭。在一定程度上，好名声和良好的品牌能弥补产品在品质、价格等方面的不足。然而随着时代的发展，这种旧思想会逐渐消失，买东西看品质是今后发展的潮流。

经营不善的摄影公司

最近，大阪知事（日本都道府县行政区的首长）左藤义诠的夫人到欧洲旅行，半个月前回国，来公司和我闲聊。虽然心想对方是女性，可能对经营不感兴趣，但见面后我还是问了欧洲那边是什么状态。其间，知事夫人给我讲了这么一件事。

英国有一家历史悠久、行业一流的摄影公司，但是最近却濒临破产。知事夫人听闻这一消息非常震惊，仔细一问才发现，原来最近被德国、日本等国的照相机"夹击"，这家公司的摄影器材销售一蹶不振，海内外市场不断被蚕食，甚至到了濒临破产的境地。

知事夫人对经营并无兴趣，却特意和我分享这家公司的经营动态，让我印象相当深刻，这也是最近业界发展的一种趋势吧。

很多广受信赖、具备实力的公司都悄然发生了改变。优质产品层出不穷,面对激烈的竞争,即使是声名远扬的顶尖企业,如果在价格、销售上未能谋求合理化发展,也会陷入经营困难的境地。

迅速果断的经营

商场的发展瞬息万变,三年前的"小"问题现在已经变成了"大"问题。对于报纸、收音机、电视之类的产品,消费者马上就能判定好坏、价格高低。产品是否进步、宣传是否到位,直接左右公司的销售业绩。一直以来,我都是靠聆听别人的汇报进行判断,最近我开始用自己的耳朵来听、用自己的眼睛来看,综合考量之后做出判断。

面对一件新产品,我判定可能会销售一年左右,结果一上市马上就卖不动了。这种例子越来越多,我们绝不能低估市场,也不可在经营上掉以轻心。公司经营就是这样。松下电器作为不断创新、

第六章　不断磨炼本领了吗

开发新品的公司，必须具有相当的竞争力。犹豫不决、不合理的经营方式将直接影响公司在市场竞争中的结果。

前年，美国有大约30家电视机制造商。近年来电视机制造行业生产额的增长不断放缓，去年出现停滞。之前多少有些增长，因此基本维持了价格，各家公司也能维持运转。但是增长停滞后，行业竞争突然变得激烈，仅一年内就有15家电视机制造商倒闭。这是美国的情况，今后我国也将出现类似的激烈竞争。

松下电器现在取得了许多成果。但是综合经营能力止步不前的话，公司发展就会面临考验，我们一刻也不能掉以轻心。今天我们的产品备受欢迎，销售良好，明天也会这样吗？明天不知道什么公司就会生产出爆款，通过宣传改变消费者的需求，这就是二战前和现在的区别，我们必须做好万全准备。

各位都是影响经营的决策者，要结合本身工作不断思考企业发展，不时地反思一下执行速度是否太慢。

举办比赛，提高实力

有一点需要特别强调的是，一定要提高综合实力，而综合实力提升的前提是增强每个人的实力。

个人实力的提高需要训练。横纲之所以强悍，身体素质固然很重要，更关键的是通过大量训练锻炼身体。如果疏于练习的话，实力很快就会下降。台上一分钟，台下十年功。哪怕真正比赛时台上仅一分钟，相扑选手们在台下却会坚持每天进行高强度训练，每天猛烈练习好几个小时，直至体无完肤，以此提高身体技能。台上的奋斗需要台下百倍的努力。每天坚持不懈，才能在台上一分钟定胜负。

设计也是如此。一个设计花上十天的时间则为时已晚，平日里如果有了灵感，一定要不间断地反复尝试，直至想法变成现实。

二战期间，战斗机如果出现故障，就必须修改缺陷设计。美国平均修改时间是一周左右，而日本却需要三到四个月的时间才能有初步方案，在

第六章 不断磨炼本领了吗

战斗中远远落在下风。为什么美国只要一周左右的时间就能快速调整设计呢?因为美国人经常做此类训练。

以松下电器开发熨斗为例,首先需要给企划起个响亮的名字,还要考虑加温到多少摄氏度、自动速度如何等,我会要求三个团队针对这三个问题分别拿出方案,三个团队之间开展竞赛,一般都会如期拿出想法。三天后,三个团队分别拿出方案。把方案集中起来,综合判定哪个团队的方案又好又快,最后敲定设计。反复开展训练,三天就能拿出一套设计方案。

相反,平时疏于训练的话,即使给出三天的期限,也很难最终给出设计。设计至关重要,假如公司只有两个团队,也可以经常给出一个主题,设定速度、好处、价格等条件,通过有奖竞赛的形式开展训练。除了平时的工作,兴趣驱动也有助于加强训练。

日常生活中经常训练自己,竞争中往往可以很快拿出优秀的方案。一般需要五天左右才能设计出来的方案，训练后最终可能只需要三天。提前两天拿出方案，对方会更加满意。一直犹豫不决，这也好，那也不错，最后即使做出了优秀的方案，订单也早在一个月前被人抢走了。

经常训练的重要性就在于此。公司有责任拿出一套令人满意的训练方案，但是到目前为止还没有成形的计划。设计团队如果只有一个，训练也不适用。同一设计团队，可以由负责人设定训练主题，三天后观察进度如何，是否完成了要求。

洗衣机等都可以作为训练主题。推出新款洗衣机产品时，可以要求设计团队三天拿出方案。好坏暂且不论，拿到样品之后细细品鉴好坏，再进行产品改善。如果有两个设计团队的话还可以互相学习，这个团队这些做得好，那个团队那些做得好，互相角逐速度，通过相互之间的竞争，不断提升水平。

只有这样，设计速度才能不断提高，不断涌现各种设计灵感，提升设计的实用性。不惜时间，精心打磨推出好产品，这当然是今后要继续坚持的一种做法，但是同时，我们也要尽量缩短耗时，哪怕只是提前一小时也是具有重要意义的。

公司提出命题要求，设计团队按照要求进行训练，这样反复训练一到两年后，设计团队的运行就会井井有条。只拼命做一件事情，没有参照对象，团队就不会了解速度的高低，必须通过竞争才能提升。

实用价值与有生命力的设计

跑马拉松的时候，如果只有一名选手，一百米的距离可能要花上三十秒。一旦有了竞争，自己跑三十秒，别人却跑二十秒，自己就输掉了比赛，对方理所应当获得冠军。有竞争对手作为参照物，才能知道自己哪里需要改进。相扑也是如此，比赛也好，训练也罢，选手们一般都会想要战胜某位对手，这样比起来也更有动力。

能做到那种程度的公司却很少。得知美国海军有这样的训练习惯后，我也开始在公司中进行这种训练。

上次去皇家艺术学院（RCA）参观访问的时候，我偶然得知了这一点。训练中最为重视的就是速度，研究主题姑且不论，如何经济、快速地提升研究综合能力是重点，否则设计就会失去生命力。

艺术品设计追求作品的艺术价值而非实用性，因此往往不太强调节约时间，有时候完成一件作品可能会耗费三年时间。我认为这种事情也是可以理解的。但是我们的工作需要保持实用价值优先，错过时机将失去竞争先机。无论如何都是以实用性为中心来判断事物的。一旦错过先机，在竞争中就会处于劣势地位，失去实用价值，我们必须谨慎考虑这样的风险。

冰冻三尺非一日之寒。比如反复参加速算大会，就可以提升日常速算能力。没有比赛就不知道自己本事高低，也缺乏参照标准。仿照速算大会的做法，每年寻找机会，给出主题进行设计比赛，这种做法很有意思。我很看好这种训练方法。设计也好，方案也好，思考起来可以超越时间限制，去厕所的时候也可能想出一个好主意，零碎的时间甚至都不用计算进比赛时间。

花了十天也想不出来的事情，筋疲力尽之后去厕所放松一下，可能马上就有了灵感。当然这只是个例，百分之九十的工作需要依托常识和实力完成，重要的还是提升自己的知识储备和水平。

设计段位、经营段位

换句话说，设计有设计的段位，熨斗设计的水平也各有高低。水平不同，需要的时间就不同，初级可能需要三天就能完成设计，而五段设计者三天后就可以拿出出类拔萃的方案。剑道也有段位之分，五段和一段的强度不同，水平各不相同。五段接受了五段的训练，练习得更多，水平自然更强。绘画也是如此，不练习，永远也画不出名画。从小刻苦练习，长久努力之后就会画出名品。包括设计在内，所有工作都是如此。

希望大家也有这样的心理准备。一级、二级、三级、五级……虽然现在没有段位划分，但是实际的分别十分明显。唯一的问题是，一旦有了段位之分，企业经营者如果只是新手而不是十段高手的话，情况可能会很尴尬。

初级、一级、七级、十级的人才不能同等对待。加上细化分工，结果可能千差万别。台阶要一级一级地上，不同情况要区分对待。对待人才要有自己的考虑和训练方法，经营者要始终保持学习态度。

不学习就不可能脱颖而出。现代社会竞争激烈，不是高手将难以生存。那边的经营水平是五段，这边的经营水平是三段，如果可以选择交易对象，肯定五段更受欢迎。

保持热情，三年就会有改变

所有机构都适用于上述规律。现在事业发展顺利，并不代表未来会一直顺利。我们要经常重新审视问题，更新对事物的看法，把握新时代的要求，

第六章 不断磨炼本领了吗

静下心来多下功夫。

其中涉及的问题纷繁复杂,用一句话来概括,就是如何用更低的成本生产出更好的产品。"次品高价"谁都能做到,但是"优品低价"却很难实现,对能力段位有着很高的要求。

销售也是如此。有的销售公司只花了百分之三的经费就可以给客户提供满意的货物配送,而有的销售公司却需要百分之五,还被客户责备不学习,这种经营上的差距非常普遍。如果有评价机制,这家店铺是三段,那家店铺是一段,大家都去三段店铺采购的话,另一家店铺就会岌岌可危。好在没有人这样评价,大家也就凑合做下去。实际上严格来说,具有三段水平的店铺终究会繁荣起来,一段的店铺就很难如此。日久见人心,批发行业、大型销售公司也是如此。这样想来,之所以现在生意不好,是因为(自己)目前还是初级阶段。为了提升自己的水平,必须向更高级别前进,热心好学,一定会好起来。保持热情,三年就会有所改变。

培养生产物美价廉商品的综合生产实力

我们还要加强学习。必须更加仔细地研究工作、思考自己的职责和技能,不断积蓄力量,继而增进实力。这样的人才集聚在松下电器,企业实力自然水涨船高。工作离不开合作,一盘散沙的公司,个人的实力再强也无济于事。幸运的是,随着每位松下员工实力的提升,只要提高协作程度,公司的综合实力就会不断上升。

拥有更高综合实力的一方会在竞争中脱颖而出,客户也会更加满意。我们要抓住一切机会和员工沟通,提升员工的自觉性。从各位负责人的角度来说,自己一定要深思熟虑,鼓励部下提出各种要求。员工缺乏对公司业务的钻研,就会导致英国摄影公司被日德照相机产品超越、最终濒临破产那样的结果,这绝对不是遥不可及的他人之事。哪家公司懈怠,哪家公司就会重蹈这样的覆辙。

我们要认真思考这些事情,才能避免走向悲剧,才能及时把握快速发展的时代的脉搏。

通过大家的努力，松下电器一直发展态势良好，但我们不能因为过去努力取得了良好的结果，就认为这种状态可以一直持续下去。当今时代，我们一定要比以往任何时候都更加努力，请各位一定要谨慎对待。

工作中的训练

松下电器员工人数将近二万三千人，从人数上来看是个大公司。员工团结协作，逐步通过训练提升水平，帮助七级员工达到六级水平，有能力的六级水平的人升到五级，这是一项大工程。

公司必须采取各种措施。无论是人事行政还是技术行政都需要建立对策。今后公司将大力鼓励研究，提倡成果发表，希望大家做好心理准备。做好心理准备也是一个大问题。方法有很多，大家首先要思考一下这样做的必要性，逐级向部下传导，部下再传递给自己的部下。

总公司成立一个训练学校，鼓励员工前来进修是一种方法。但不管怎么说，通过实践训练，即在日常工作中训练自己最为有效。

和上学一样，总公司可以成立各种机构帮助员工掌握一定的知识，不过知识的应用还要以实际工作为中心。大部分的训练都来自工作。总公司教的东西很有价值，但是光靠知识还远远不够，只能满足两三成的需求，剩下七成以上的提高来自工作。

希望大家用这种思想指导部下，逐级传导下去。

发挥部下力量的领导者

要鼓励员工做好各自的工作，帮助员工做好充分发挥实力的心理准备。有的人很有实力，热心有执行力，但是很多工作不愿意交给部下做，把部下当作旁观者对待。相反，有的人实力一般，但是乐于鼓励部下，让部下在工作中发挥出百分之百的实力。领导的类型多种多样。

自己有实力固然是好事，但更重要的是发挥部下的实力，把工作交给他们完成。工作虽然分配下

第六章 不断磨炼本领了吗

去了,但是责任划分不清也会导致失败,不能不负责任地把事情推给部下,要用心呵护,调动部下的积极性,这才是重要部门的人才培养之道。

有的领导觉得自己实力突出,交给其他人还不如自己做,这样只能发挥一个人的能力。为了提升整体的实力,必须将部分工作让渡给部下,如果想避免部下的反感,可以进行适当的指导。大家也可以思考更好的做法,因为每个人的个性各不相同,没有适用于所有人的模板。大家的做法各有各的特色,做法各有不同,完全不会影响结果。

部下乐于工作,不断重复工作以磨炼技术。大家都读过历史书,也读过成功人士的传记,学习得越多,明白得就越多。充分考虑每个人的个性进行训练,效果即使不能达到百分之百,至少也能做到百分之七十五。

从松下电器发展的角度来看,不管是什么工作,只要发挥了百分之七十五的实力,基本上都可以获得满意的效果,即使不是第一名,马拉松比赛中也可以轻松排名第三位。行业的竞争对手不管是二十家还是更多,进入第三名也是稳操胜券。

取得第一名很难,那就去争取第三名。公司的大小和资本息息相关,越大的公司,综合评分反而越难得到满分,保持五十分都很难。相反,公司规模虽然不大,但是经营得分可以高达七十分,这已经超出二十分的公司了。平衡综合分数,就不会跌出前三名的榜单。

要求速度的时代

伴随着社会快节奏的发展,现在已经进入全员经营的时代。之前日本到美国需要二十七个小时,现在却只要十二个小时五十分钟,喷气式飞机的出现极大缩短了时间。

与以往相比,企业实力对比的变化也更加迅速。以前三年才能改变的实力格局,现在仅仅一年半就变得截然不同。各个方面的快速变化让我们不得不提高速度。没有速度就没有实业。我认为艺术并不是实业,因为实业的发展需要务实。松下电器的事业不是艺术，因为实用性是我们考量的首要因素。

销售方面也是如此。一天可以完成的销售企划如果拖了三天，企划创意就会落后，因为其他公司会提前两天公布自己的规划。订单不等人，谁快谁就能拿到订单。如果客户已经跟竞争对手签订合约，那我们就不能再发布相同的政策。因为客户会说：你早来就好了，早来的话就跟你签合同了，但是对方更早发布新政策，因为感觉对方的新政策不错，我们就跟他们签约了。后来听说你们也发布了相同的政策，本来跟你们签约也是可以的，可惜已经先跟对方签完了。

不断推出销售新制度，快速应用制度来引领客户，这是获胜的关键。所有行业都强调速度。希望大家充分领会之后，向自己的部下传达、呼吁并向部下做出要求。

磨炼手艺

就像每年举办珠算大赛一样，我们每年也要举办一次技术竞赛。难归难，但并不是不能做。比赛并不决定谁更厉害或待遇高低，只是给大家一个一较高低的机会。我对举办竞赛很感兴趣，希望相关事业部尝试做一下，找出更加容易持久的方法，多给年轻员工参与的机会。

现在市面上有各种各样的竞赛，但重要的业务竞赛却少之又少。既然娱乐性竞赛很受欢迎，咱们就搞个类似的业务竞赛，肯定会受到关注。

棒球选手需要不断参加比赛才能成长。没有比赛，日本的棒球水平只会止步不前。获胜的队伍甚至可以和外国队伍同台竞技，提高自己的水平。无论赢还是输，如果无人关注，技术也无法提高。

迄今为止，我们还没有举办过涉及胜负的比赛。从现在开始，我们要积极开展此类活动。

以前，武士讲究文武双全，既比学问又比武艺。武士之间经常切磋，不断提高彼此的武艺。我们松下电器要比销售技术、制造技术，以及设计。通过比试，大家要看看自己对这些是否上心。我相信大家都有提升自身本领的意识，只不过相对比较薄弱而已。

美苏竞争中快速发展的太空科学

美苏两国太空科学家之间的竞争已经进入白热化状态，推动全球航天技术空前提高。如果苏联不热衷于竞争，美国也不在意的话，再过十年，宇宙航天科学也不会如此进步。两国进行太空技术竞争，而不是荷枪实弹，通过战争一决雌雄，这是十年来的重大进步。只有一方竞争还不够，必须是两方同场竞技，随时向全球公布发展情况，才能促进两者的快速进步。

我们也是如此。堂堂正正研究竞争对手关于技术发展的最新动态，这样才能推动行业发展。

松下电器的发展一直十分顺利，但是过于顺利其实暗藏着危险。比我们先进的同行一直在前进，试图和我们拉开差距；比我们落后的对手一直在努力追赶，想超越我们，松下电器面临多重夹击。我们必须有危机感，经常和部下通过谈话渗透危机意识。

这一点就拜托大家了。下次开会的时候,我会针对大家提出的问题做出回答,相互交流,提升水平。这种观念也希望大家多向员工宣传。

谢谢大家!

社长讲话会

1959年10月1日

于松下电器总公司(大阪)

第七章

五年后实行双休日制

- 商品能否卖出去，关键在于努力做出来的商品是否有用。好不容易做出来却卖不出去，产品不被市场接受，这是一种悲哀和浪费。

- 为了与海外制造商竞争，必须进一步改善工厂设备，提高生产效率。每周必须休息两天，不能一直和机器一起工作。五年后公司将实行双休制度，一天用于享受人生，另一天用于消除疲劳。

- 集齐众人的智慧，才能像神一样高效工作。身处高位者不能只依靠自己的智慧，要灵活利用众人的智慧，获得伟大的成就。

第七章　五年后实行双休日制

即使是星期天，一月十日也按例召开发布会

大家新年好！一九六〇年的新春如约而至，谨祝各位新春快乐。

依照惯例，公司将在今天举行年度经营方针发布会，与去年有所不同，今年邀请了很多人出席。去年只有相关公司的董事、松下电器的干部等约九百四十六人出席发布会。在此基础上，今年还邀请了大阪区域负责人等，共计三千零三十三名嘉宾参加这次发布会。

为什么今年要这样做呢？因为今年恰好是二战后第十五个年头，是一个重要的历史节点。另外，一九五六年我发表了五年计划[①]，今年刚好是第五

[①] 一九五六年一月，松下幸之助在当年的年度经营方针发布会上公布了五年工作计划，制定了五年后将销售额从二百二十亿日元提升至八百亿日元的远大目标。该目标四年后基本实现，第五年销售额超过一千亿日元。

年。综合多重考虑，我决定邀请更多嘉宾参加这次意义深远的发布会。

今天是星期天，感谢各位嘉宾休息日拨冗莅临发布会现场。过去十几年间，公司每年都会在一月十日这一天召开发布会，我也犹豫过今年是否要改期，最终还是决定如期召开。衷心感谢各位的出席，谢谢大家！

今天发布会时间预计持续三个小时左右，我会花两个小时阐述今年的经营方针，稍事休息后进行一个小时左右的问答，大概十二点闭幕。

去年公布了十三项方针

下面我们就直奔主题，首先我想先回顾一下去年的成绩。

去年，也是在这里，我向大家详细阐述了公司的经营方针，想必大家还记忆犹新。公司为未能出席会场活动的人士准备了宣传手册和公司刊物，里面有详细的报告，想必各位已经仔细阅读了。去年的方针大体可以概括为以下十三项内容。

第一，本年度（也就是去年）的销售目标确定为六百九十亿日元。

第二，科学开展经营。

第三，仔细考虑我们应该做什么。

第四，增加出口。

第五，努力确保经销商、代理商的合理利润。

第六，努力提升销售公司的经营能力。

第七，工作和地位由社会需求决定。

第八，打造世界级别的工厂。

第九，把供应商看作客户。

第十，鼓励技术人员前往海外广泛探索，鼓励海外访问、留学等。

第十一，合理进行人事配置。

第十二，薪酬待遇。

第十三，对工会的看法。

去年的发布会主要介绍了以上十三项方针。

四年实现五年计划目标

去年一年，大家在上述方针的指引下，齐心协力，致力于公司发展，那么去年的成绩如何？在去年的基础之上，今年我们又该如何进步呢？结合我的一些反思，连同今年的经营方针，我来和大家分享一下想法。

首先第一点就是销售额多少。刚刚介绍说去年的目标产值是生产并销售六百九十亿日元，目标制订后得到了全体员工的大力配合。

据去年年末统计，去年最终产值是七百九十二亿日元，远远突破目标的六百九十亿日元，超出一百亿日元左右，成果堪称巨大。虽然以往也出现过销售超过计划的情况，但这种增加都是少量增加，从六百九十亿日元到七百九十二亿日元，远远超出预期。优异成绩的取得离不开相关公司同人的协助和全体员工的努力，对此我深表感谢。

回想一九五六年，那一年公司第一次提出要搞五年计划，鼓励大家奋发图强。当时的目标是五年内

第七章　五年后实行双休日制

销售额达到八百亿日元，将一九五六年到一九六〇年定为第一个五年计划，一九六〇年的销售目标设定为八百亿日元。

还未等到一九六〇年，在计划的第四个年头，也就是一九五九年我们就已经提前实现了目标，这是多么了不起的成就啊，衷心感谢公司全体员工的付出与努力。我十分感动，创造了这一优异成绩的各位才知道成绩的取得多么不易，成绩中凝结了大家的共同心血。正因为如此，我们才更加喜悦。当然，这一成绩的取得离不开广大用户、经销商、代理商、销售公司的共同努力。更进一步来说，取得这一成绩的最大原因是日本国民生活、文化生活需求不断提高。我们备感欣喜和感恩，个人成绩的取得离不开社会，我们不能独乐乐，要反哺社会。

成果超过目标一百亿日元之多，这一成绩十分亮眼，但是不止松下电器一家公司取得了这种成绩。调查一下销售提升情况，就会发现其他公司在以更高的增长率快速发展。

公司情况各不相同，不能简单地说销售增长率越高越好。不管怎么说，松下电器去年远远突破目标，成绩喜人，但是在增长率方面仍有不足。

突破目标十分不易，而且仅用四年就实现了五年计划的目标，简直没有比这更让人高兴的事情。衷心感谢各位，感谢大家的辛勤付出。

企划本部——科学经营

接下来我想谈的第二点是，基于科学开展计划经营。

众所周知，到前年为止，松下电器从一个小工厂逐步成长为大型企业。公司发展过程中，各项决策主要基于我和管理层的经验和直觉，大家根据当时的情况判断决定，这种计划和经营方式并没有出现过大的错误，公司发展也尽如人意。抓住灵感，依靠直觉，根据内容取舍，最终造就了今天的松下电器。

去年我仔细思考了一下，松下电器能取得当前的成绩离不开员工的努力和管理层的经验，但是今后更要依靠基于调查数据的科学方针。为了实现这一目标，必须设立统筹这项工作的机构，最合适的成立时间就是现在。然而成立机构说起来容易，做起来却十分困难。

人是最大的问题。即使有依照计划开展工作的想法，没有合适的人做事也无济于事。所以方针虽然敲定了，但是实际工作并没有马上开展。

经过仔细思考，我终于在去年年底才下定决心，在总公司成立了企划本部。企划本部不负责一线业务，承担公司全部调研工作，探讨公司经营方式改革，提出解决方案。对于企业本部提出的方案，公司会进行慎重协商和讨论，判断是应当马上推进，还是为时尚早，逐步积累经验，改善公司经营，在充分了解社会形势的基础上，充分发挥经验和能力，将科学经营打造成今后松下电器经营的核心。

今年公司正式尝试运行企划本部。一两年内取得重大效果并不现实，希望通过不断的积累，逐渐把握所有产业的发展动态、世界各国局势和松下电器发展方向，在此基础之上制定经营方针，经过大量努力，确保松下电器可以按照方针准确、持续经营。去年年末已经迈出了尝试的第一步，但是没有大家的理解和帮助，这个机构只会半途而废，借此机会我想恳请各位协助企划本部的工作。

以合议制度为基础，建立迅速决策机制

随着企划本部的成立，去年年末开始部分职务发生了改变。其中最明显的就是通过社长、副社长和专务的合议制度推进工作。之前一直是个别讨论、直接落实的方式，这次在原有制度的基础上，通过三人合议的方式来处理全部工作。

这种机制与以往大不相同。此前人们一直认为松下电器是松下幸之助独断的公司，我不是独裁者，我个人认为日本最不独断的社长就是我，但是舆论并不这么想。松下幸之助是公司创始人，所以人们便认为所有决定都是我一个人做，公司的发展

第七章 五年后实行双休日制

完全取决于我的个人决断。

当然,我不是因为介意舆论才实行合议制度。原本松下电器的各家工厂都由厂长负责经营,我只是提供侧面支援,这才是松下电器的真正经营特色,成就了松下电器的今天。这种模式不会改变,但是这一方针已不能完全满足公司的经营需求。

迄今为止,各家工厂厂长通过个人判断进行经营,并不需要和我商量。当然在他们遇到重要的问题找我时,我每次都会给出建议。随着公司不断扩大,部门越来越多,虽然只是偶尔接受咨询,但是我的时间也开始捉襟见肘。

我并不满意这种状态。负责人好不容易来找我商议,却因为没有时间,只能站着讨论相当重要的问题。很多情况下,这不是对方希望的结果,不少人会对这种情况感到反感,问题什么的也就随便解决一下,导致出现负面效果。

无论如何我都要改变这种现状,所以在成立企划本部的同时,决策机构也调整为三个人。此前公司每周开一次部长会议,现在改为每月两次,取而代之的是从每天上午九点半开始的三人合议制度。每天九点半开始，有问题等待解决的事业部负责人到总公司开会，除了去外地等特殊情况外，九点半到十点半之间的时间我们三个人一定都在，各事业部负责人随时可以来讨论，迅速解决所有问题。

前几天我和一群新闻记者见面的时候谈起这件事，对方都很认同我的想法，称赞这是很大的进步。我并不觉得这是什么进步，只不过是出于需要、理所当然的决定而已。有人调侃说这种制度十分有趣，松下终于从"独裁"的宝座上退下来了。

凡事都要当机立断。三个人一起讨论，实在不能当机立断的问题，我们也不会说"给我点时间考虑一下"之类的话，而是告诉对方后天几点之前，或者五天之后的上午回复，给工作明确设定时间节点。这样工作进展非常快，满足所有咨询和提案的需求，这一点我也想固定到合议制度中。

此外我还加强了本部长制度。工作越来越多了，公司增设了本部长一职，目前总公司共有十一位本部长①，预计还会聘请三位新部长就任本部长，进一步增强本部长的职责。

这是去年第二点方针的"科学开展经营"，现在已经逐渐落实下来。

今年应该做什么

第三点是仔细考虑我们应该做什么。

这是一个比较抽象的概念。在精神层面上，我们不能只凭个人意愿工作，我们要充分认识到各自的立场和责任。松下电器是日本产业界的一家公司，要考虑公司直接或间接的作用，大家作为松下电器员工应当感受到自豪，我们的每一步都将影响整个日本，大家要有这样的责任感、自觉性和自豪感。

---

① 一九五九年十一月，松下电器新增了企划本部、国际本部、电池事业本部、配电器事业本部，与之前的管理本部、人事本部、技术本部、营业本部、电气化事业本部、无线事业本部、电机事业本部一起，共计十一个本部。

这一点非常重要,大家的觉悟如何呢?当然,如果有人问我是不是依靠这样的自觉才取得了远超计划近百亿日元的成绩呢,我认为正是如此。不过更重要的是,我们要准确把握并提升这种自觉性。从国家、社会、行业、公司,甚至是个人立场出发,审视自己的自觉是否达到完善的程度。所以今年我想在这一点上向大家提出一点要求。只有充分发挥自己的力量、周围的力量、公司的力量,不断向前推进,今年才能延续去年的亮眼成绩。

大家有没有因为是松下电器的一员才被人觉得格外优秀、获得尊敬,并在社会中受到信任呢?松下电器蒸蒸日上,但是员工们有没有因此而骄傲自满、不再亲切呢?这些问题非常重要。有句话叫"骄兵必败",这是适用于古今的历史教诲。我不希望松下电器的各位变成那样。履行自己的职责是一种自豪,要学会感恩。能否出色履行职责,不能依靠自己一个人的力量。大到社会,小到部门,只有互相理解和协助,才能履行自己的职责。

考虑到这一点,我们必须抛开骄傲自满,骄傲自满是心灵贫瘠的表现。

现在对繁荣与和平的渴求到了一种苛刻的程度。嘴上喊着繁荣与和平的人,他们是否做好了心理准备呢?并不是,甚至很多人处处阻碍和平,彼此伤害。这样不行,希望松下电器的员工千万注意不要这样做。每项工作的完成都需要同事的协助,而我们的工作需要社会的,乃至全国的力量,没有这种虔诚之心,公司将无法成功。

松下电器必须高度重视并警惕这种趋势。人无完人,没有人从不犯错。但是我们一定要对此有所防范,往小了说,这决定着产品销量;往大了说,这直接影响社会繁荣和人类的真正幸福。

产品卖得好不等于能赚钱,销售很重要,但是和赚钱是两码事。销量好坏说明辛苦生产的产品是否有用。有用当然令人高兴,没用自然令人悲伤。好不容易努力修建了厂房,筹措了资金,招募了人才,却不被社会接受,这是莫大的浪费。无论从做人、社会稳定还是努力实现繁荣的角度来看,这都非常重要,所以我希望今年可以继续解决这一问题。

虽然问题未能完全解决,但是去年提出这一点绝不是徒劳。去年引起了各位的思考,但是解决结果并不圆满,我们还不能结束,今年要再接再厉。

出口翻了一番

第四点就是增加出口。松下电器虽然是日本顶级制造商,但在出口方面却增长缓慢。

导致这种情况的原因有很多,作为社长的我也再三思索。由于出口迟迟未能大幅度增加,去年春天我就宣布了增加出口的方针,并且提到希望贸易公司的各位更加努力。这种情况下指名道姓地提到贸易公司非常抱歉,我也很犹豫要不要直接说出来,考虑之后说出来是不是更好。但是,想到直接说出来之后,各位一想到社长在方针中提到贸易公司要更加努力,肯定会更加积极投身于工作,我决定还是要直接说出来。

结果,松下电器的出口贸易翻了一番,我一定

第七章　五年后实行双休日制

要向贸易公司的各位表示衷心的感谢。然而，这里出现了"然而"，因为我觉得还远远不够。松下电器是日本国内的顶级制造商，必须向国外展示顶级制造商的威严，希望大家可以充分认识这一点。

为此，社长也好，总公司的干部也罢，所有人的想法都必须改变。不是贸易公司自己努力就可以，顶级制造商进军海外市场，这不是贸易公司凭借一己之力可以完成的工作。以我为首，全体干部必须改变想法，认真考虑进军海外市场一事，这样才能取得理想成果。为了达成这一目标，去年松下电器在美国成立了直属公司①，并在今年正式开展业务。今年能否实现划时代的销售目标，答案还无从得知。但是为了获得成功，我们还成立了国际本部，不断补充人员，专心致力于海外出口。

今年我们的力量前所未有地强大，而在去年方

---

① 美国松下电器股份有限公司。一九五九年九月成立，资本金为一亿八千万日元，是二战后松下电器的第一家海外销售公司，成立于纽约。

针的指引下，我们终于基本建立了成果产出机制。

为了确保合理利润，还要继续努力

第五点是努力确保经销商、代理商的合理利润。

这一目标的提出主要基于经销商、代理店和销售公司的立场，但实际执行情况并不理想。现在市场竞争非常激烈，像电视机这样的产品都很难保证两成佣金。销售电视机，如果佣金低于两成，即利润低于一万日元的话，经销商是不划算的，因为搬运、安装、服务环节众多。一方面市场竞争日趋激烈，另一方面利润只有三千日元左右，卖得越多，利润就越少，经销商就会面临负债问题，直接影响积极性。

导致这种情况的原因有很多，最重要的原因在于制造商。制造商向经销商、代理店提供有利于对方的赊账销售服务，也就是允许经销商、代理店先提走货物，数月后再支付货款。一些经销商在需要回笼资金时会进行低价销售，将商品转化为现金。

这种模式并没有问题,问题是行情和价格。认真的经销商必须追随无序变动的价格,导致企业利润减少,陷入资金困难,甚至出现无法支付的情况,回款期限也逐渐延长。这种情况一旦蔓延下去,必然会影响企业发展。

放任自流,企业就会陷入危机。为了避免这种情况发生,制造商首先要深思熟虑,切忌盲目竞争,一味进行推销。为了推进正常交易和销售,前年开始,我们制定了八项方案①,稍微缓解了一些压力。但是,这种做法引起了公正交易委员会的注意,对公司进行了各种调查,甚至引发了社会普遍忧虑和不安,对稳定行业发展起到了反作用,实在很遗憾。对方调查松下电器的销售额后,发现赊账额较二战前有大幅增加,其他同行业企业也大体如此,似乎有开展赊账销售竞争的苗头。

不管竞争多么激烈,我们应该清楚自己不是搞

---

① 电器类产品不能作为赠品使用,停止有奖销售,原则上只接受现金交易,明码标价宣传等八项内容。

金融的，而是制造和供给商品的制造商。原则上讲，原本各位经营者应该自行筹措资金，独立承担责任，自主经营。然而，实际上并非如此，人们正在通过货物变相地借用资金。

创业四十二年来，直到二战前为止，我向来坚持不强行推销、不借贷，因为这会让批发商、经销商失去自主性，最终引发价格下跌进而招致失败。其他弱电厂商也纷纷效仿我们的做法，通过这个好习惯来培育市场。然而到了二战后，随着厂家之间竞争不断激烈，赊账销售越来越普遍，即使是松下电器也不得不对外赊账，长此以往，最终导致了今天的结果。

我们必须做点什么来改变现状。去年大会上我跟大家说，松下电器必须摆正自己的生意经，我们一直在销售制度合理化等方面做各种努力，但至今还没有取得效果。放任问题不管的话，不仅仅是松下电器，其他同行也会一直苦恼吧。

我想逐渐推行经销商、代理商的自主经营，这当然很困难，但是今年我们会继续努力。

经营者的热情决定公司好坏

第六点是努力提升销售公司的经营能力。

从前年开始,为了推进经营合理化,便于代理商接受,公司将全国代理模式改成了销售公司模式。这是经营合理化的尝试,但是目前发展还不够完善。

销售公司的经营者大多非常优秀,有着强烈的责任感,善于指导员工,创造愉快的工作氛围,销售成绩随之不断攀升。但是实施这种模式后,销售公司对松下电器的依赖性变强,自主性不断降低。

同样做工作,同样开展经营,到底是什么影响公司好坏呢?是经营者的信念还是热情呢?我觉得要看公司的经营状况。和国家有好有坏一样,企业自然有的地方做得好,有的地方做得不好。

为了避免这种情况,一旦转变为销售公司模式,松下电器就必须以正当方式进行援助,以保证销售公司的自主性,推动销售公司取得成果。

去年以各营业所为中心,我们进行了尝试,但是成果还不够显著。今年我会继续关注这个问题,充分了解制度的缺陷、需要改进的地方，以及销售公司是否有困难等，进一步改进制度，拿出经销商、用户、销售公司三方都满意的成绩单。

社会需求决定存在

第七点，我想谈谈工作和地位由社会需求决定。

这一点和精神层面息息相关。我站在这里说话，大家坐在这里听我说话，这种交流是为了什么呢？并不是为了我，也不是为了大家，而是为了满足社会需求，即社会对松下电器这一制造企业的要求。发布会是满足社会需求的一种体现。社会需求决定我们彼此的地位和责任，如果没有社会需求，发布会不开也可以，去年我曾经介绍过这种观点。

大家有没有想过工作和地位由何而来？因为社会需要，我们才会各自工作，拥有各自的社会地位，所以工作是为了自己和社会，两者比例各占一半左右。工作不是舍弃自我，一半是为了自己，一半是为了社会需求，不这样解释的话，工作的社会性将荡然无存。

过去的工作是为了主君和大人，完全舍弃自我，这是封建制的错误。现在情况发生了改变。工作不是全部为了自己，还有一半是为了社会。如果不是这种比例，世人将难以接受。

对于拥有二万五千名员工的松下电器来说，我十分赞同这种观点。当然可能有人还有疑虑，但是我们贯彻这一观念的做法从未改变。公司不只是为了自己，更是因为社会需要而存在，在这里工作的每个人，包括社长和全体员工都知道公司存在的理由在于社会需求。我在去年就号召过大家调整思想，至于是否贯彻实施，目前还无从得知。

希望各位继续宣传这种观点，争取今年普及全体松下员工。

思考达到世界高度

第八点是打造世界级别的工厂，去年一年我们都在努力。

从结果来看，虽然并未达到所有工厂跻身世界一流的程度，但我认为两三家工厂已达到世界水平，取得了很好的成绩，其中之一就是高槻工厂。现在，松下电子工业的工厂也达到了世界先进水平，并不输给任何一家外国企业。前几天GATT[①]嘉宾参观了工厂，亚洲和远东经济委员会[②]电力小委员会的嘉宾也参观了工厂，所有人都很吃惊，惊诧于日本居然有这样的工厂，嘉宾们纷纷表示赞誉，表示出乎意料，这些赞美之词我欣然接受。

大阪府、大阪市、商工会议所共同主办了GATT大会欢迎仪式，席间GATT代表表示："这次我参加GATT大会，看到了日本的飞速发展，感到

---

① 关税及贸易总协定（GATT）。一九四七年，为了消除关税差别待遇，二十三个国家在日内瓦签订协议。日本于一九五五年正式加入GATT，一九五九年GATT大会在东京召开。
② 亚洲和远东经济委员会（ECAFE）。联合国经济社会理事会的区域经济委员会之一，成立于一九四七年三月。一九七四年更名为联合国亚洲及太平洋经济社会委员会（ESCAP）。

非常惊讶。今天参观松下电器工厂，我才终于知道自己想说什么了。用一句话来概括日本的工厂，那就是非常美丽，而且十分完善……我愿意把'美丽''完善'这两个词献给日本，这是今天参观松下电器工厂之后最想说的话。"

如果是我的邀请，我可能更了解这番话的意思。但是这次活动由商工会议所、大阪市、大阪府主办，所以我觉得可能是松下电器的什么特质触动了嘉宾，继而给他留下了深刻的印象。该工厂生产的晶体管今年已经签订了出口欧洲一百五十万个的出口合同，销量稳居世界前列。

以上是电视工厂的逸事，不过最近建成的NATIONAL冰箱工厂也达到了世界水平。

去年我们就表示要努力在日本建立世界级工厂，努力的成果逐渐显现出来，令人高兴。希望大家记住，我们的努力不会白费，一定会有所回报，给外国人民留下深刻印象，最终转化为出口，成为促进国家繁荣的重要因素，这一点毋庸置疑。

全部的工厂，无论规模大小，最好都能达到世界级水准。设施、机械等有资金就能达到世界水平，这不是什么难事。难就难在能否将员工提升为世界级人才。我想重申并补充一点，就是只有设备、机械达到世界水平完全不够，我们人的思维方式、技术水平也必须达到世界级水准。

人人皆是我们的支持者

第九点是把供应商看作客户。这一点大家都很清楚，去年一年我们也是这样做的，但是前几天调查发现，公司很多方面并没有做到这一点，违背了我的初衷。

这里我想再次向大家强调一下，松下员工必须遵守每年一月十号发表的各种方针。方针如果不被遵守，发布会就失去了价值。就像国有国法、家有家规那样，员工如果没有全部理解并遵守方针，公司和社会就无法发展。

如果谁觉得方针有错误、无法执行，请大家一定不要有顾虑，坦率地说出来，我们共同商讨并改善，这很重要。如果方针没有错误，但是全体员工没有诚意遵守的话，政策就会成为空谈，公司无法获得发展力量，公司的发展和员工的福利也得不到保障。

苏联和中国各自发表了国家方针，由于国民都遵守方针，共产主义国家发展逐渐走上正轨。资本主义国家中，这样的例子也不少，各国发展都十分繁荣。只有日本有些格格不入，至少松下电器希望得到大家的理解和支持。我在这里可以明确告诉大家，如果公司的方针有错误，请大家务必告诉我。当然，如果方针是正确的，希望大家可以认真遵守。

去年我提过，供应商是我们的重要客户，只采购不销售，公司就会面临危机。各种实际案例证明，我们不能敷衍对待供应商。

根据主体对象不同，我们的做法还有很大的改善空间，今年一定要有所改变。无论是老客户还是供应商，凡是我们接触的人，都是我们的伙伴、朋友和支持者。没有他们，我们的工作就无法安稳，希望今年大家可以继续善待我们的支持者。

今年继续开展技术人员海外派遣

第十点是继续向海外派遣技术人员以提高技术。去年我们做出了很大的努力，同样也遇到了很多困难。在这一方针的指引下，去年共有二十八人出国学习。其中三人正在留学，八人在学习技术，十七人进行了考察访问，派遣数量比以往任何一年都要多。

因为去年刚刚提出这项方针时，我们遇到了很多问题，并没有取得满意的成果，今年我想细化海外派遣的规定，派遣更多人员前往海外学习。

提高技术方面，中尾哲二郎常务作为负责人做了很多工作。但是冰冻三尺非一日之寒，技术不是一朝一夕就能形成的，技术的提高永无止境，而且非常困难。去年技术提高到什么程度，形式上很难把控，只能进行推测。我想给大家举一个例子，就是专利的申请数量。当然专利申请数量多未必能说明技术一定有了提高，但我认为这是技术人员们活跃努力的证明，从侧面证明了技术有所提高。

那么去年公司申请了多少发明专利和实用新型专利呢？去年一年的发明专利申请数是四百五十二件，实用新型专利申请数一千九百九十八件。另外，外观设计申请数量为六百五十七件，总申请数量为三千多件。

假设一年实际工作天数是三百天，去年的成绩相当于平均每天向专利局提交十份申请文件，我们公司专利部业务格外繁忙，我也十分钦佩松下员工的创造力。各工厂的研究部、技术部、中央研究所的数量在三千件以上，再加上尚未申请的专利，这个数量只会更多。

调查过程中我十分惊讶，深深折服于大家的努力。这里我必须向大家表示感谢，松下电器的专利申请公告数量在日本所有企业中排名第二，松下电器的技术团队始终致力于各种研究构想，生产方法和设备也在逐步提高。

今后我们还要更加努力，希望中尾常务多多思考，不断吸收国内外的先进知识，充分发挥自身实力，今年我们继续推动公司发展。

合理调整人员配置

第十一点是合理进行人事配置，其实这是现在最糟糕的问题。去年虽然提出对公司人事进行合理化安排，但是实际执行起来非常困难，感觉非常对不起大家。我做过七年销售员，深知很多人对新工作充满渴望，而不是想一直做同一件事情。仔细想想，这很有道理。

今年我们要做好这一点，进一步完善规定，要求入职十年之内至少要调动三个岗位，不能一个人离开之后部门就无法运转，三年左右必须前往新岗位学习新知识。

经过十年的充分了解，之后岗位就不必经常改变了。前十年的这段时间类似于学徒期，学习各种技能、学会做人，超过三年就要进行调动。调动的时候，不能"从部门一个岗位调换到另一个岗位"，或者因为协调不畅就放弃调动。调岗制度十分重要，即使暂时的人员空缺会影响工作，但是考虑到合理的调岗带来的效果，我认为必须坚决执行。这一点今年也会重点落实。

符合社会常识的薪酬体系

第十二点是薪酬待遇问题。我认为这是最重要的问题，希望全体员工今年进一步加深理解。我始终认为松下电器的工资不能输给公务员。有人可能认为，努力涨薪的做法暴露了我们的无能，无论从社会还是个人角度来看，这都会带来负面影响，负面的言论甚至可能损伤公司形象。但是，我始终坚信，公司至少要保持有行业竞争力的薪酬待遇。

每年工会都会提出涨薪的要求，特别是最近几年更加活跃。我认为这非常好。正如刚才所说，公司制订薪酬方针、具体数额都有考虑社会常识，以减少失误，这是我们的夙愿，涨薪方针今后也会继续贯彻执行。

话虽这么说，但是如果公司没有工资来源，利润变少的话，想涨薪也是力不从心。为了避免这种情况，需要公司全体员工的协助。只要公司经营得当，我将提供行业最高水平的待遇。虽然极端的做法可能出现问题，但我想为员工提供最高水平待遇的想法从未改变，高薪待遇将保证公司高水平运行。

提高薪资待遇，引进优质设备，创造良好工作环境，让员工轻松高效地工作，这是我的目标。松下电器的目标之一是至少在五年后实现一周双休制，同时保证员工收入保持不变。美国已经在这么做了，欧洲还没有实行，今后我们公司会努力实现这一目标。即使实施了双休制，企业经营也不受影响，这也将成为松下电器产品远销海外的最佳证明。

为赢得国际竞争，实施周末双休制

今后国家间的竞争会变得激烈。未来两三年，

第七章　五年后实行双休日制

我们会陆续面对自由贸易、外汇自由的冲击，日本很可能会面临被世界舞台抛弃的境遇。没有实力储备，日本会陷入极端贫穷。现在日本有各种贸易保护政策，美国的商品再好，欧洲的商品再好，日本都不进口。一旦实行自由贸易，欧美的东西想买就能买到，欧美优质的电器产品也会源源不断进入日本市场。

我们必须在国际竞争中获胜，否则日本企业就会衰落。外国商品将不断涌入日本市场，取代日本产品。贸易保护政策让国外的很多好车无法进入日本市场，但是一旦自由贸易实行，福特完全可以在日本成立公司，通用汽车可以进军日本市场，大众汽车可以自由地在日本生产，当然日本商品也可以出口海外。

现在虽然有竞争，但是主要是和日本同行竞争，这次面对的对手却是全球的同行，日本企业不能一下子就落了下风。不管怎么样都要和外国公司一较高低，不然日本企业就会落后。德川幕府时代，日本就落后于世界。

自由贸易是势不可当的发展潮流。GATT人员参观松下电器的时候也提出了要求，日本不能一直进行贸易保护，奉行保护政策不会有任何发展，而且外国厂商也很为难，我们应当以平等的形式做生意。日本应当在外部提出要求之前率先打开自由贸易的大门。

一旦实行自由贸易，松下电器的产品也必须走向海外，与海外制造商进行竞争。我们必须意识到与外国同行竞争的难度，进一步改善设备，提高自动化水平，提高生产效率，以便在海外市场取胜，或者说在与国外对手的竞争中取胜。

面对这种竞争环境，我们无论如何每周都要休息两天。每天更加忙碌，以前可以慢慢打电话办的事情这回也行不通了。原本用三分钟解决的问题必须一分钟左右解决，还要增加训练，提升办事效率，工厂的生产也是如此。这样一来每天八个小时的工作会相当疲惫。工作五天之后，如果不多休息一天，人很难恢复精力。美国早已开始这样做，而且美国的人均产量是日本的好几倍。

第七章　五年后实行双休日制

美国经济活动不断提高和发展的同时，人们还有更多的时间去享受人生。同样地，我们也需要休息两天，一天用来享受美好的生活，一天用来消除疲劳。周六也应当休息，松下电器如果没有这种觉悟，就无法取得真正的成功。

只有做到这一点，我们才能作为世界级制造公司公平参与竞争。为了公司的合理化发展，让员工专心投身生产，松下电器计划五年后率先实行双休制，变周六为休息日。一天用于缓解疲劳，一天用于享受愉快的文化生活，同时保障工资不变。多与少之间的平衡才是公司经营基本方针的体现。

可能有人会说："这是五年后的事情，社长才敢放心说。"请大家不要这么想，实际上，当我五年前说要把二百二十亿日元的销售额在五年后提升到八百亿日元的时候，当时几乎没有人相信我。公司里有人猜测可能会实现，也有人说是痴人说梦。不管怎么说，感谢大家的信任，不用五年，四年我们就实现了目标。因为有人实践过，所以我觉得双休制完全可行。

如果这样做了，大家认为不可行的话，五年后我们就放弃双休。作为经营者，我有义务为大家规划美好的前景，助力松下电器在世界竞争中脱颖而出。

对工会真诚以待

最后，第十三点是对工会的看法。我对工会有一个信念，大约八年前（一九五一年）我访问了美国，当时和一家美国公司的社长聊天，对方问了我这样一个问题："你们公司有工会吗？"我回答说："有工会。"对方马上表示"那非常好"。

出于各种原因，当时我并不觉得工会有什么好。日本工会的做法过激，不是按照工会的做法，而是按照阶级斗争意识来活动，甚至脱离了工会范畴，搞起了思想革命，这种阶级斗争严重影响了公司风气。其实只要好好工作，工资低了可以调高。尽管松下电器的工会没有这样做，但我始终觉得日本的工会倾向性过于明显，不过松下电器的工会确

第七章　五年后实行双休日制

实是理解公司的组织。

一般情况下,工会将社长软禁在某个房间里进行交涉,越是这样,社长越是想不出办法,公司发展也就越来越差。我并不认可日本工会的做法,所以听到美方社长的回答后,我以为他是一个怪人。

对方社长进一步解释道:"工会的正确活动带动了美国的发展,所以贵公司有工会就太好了。工资也会增加,带动社会发展。收入增加了,产品销量更好,正是在工会正确发展的助推下,今天的美国才得以繁荣。希望贵公司也有这种觉悟,加快与工会合作,日本很快就会发展起来。"

虽然有些意外,但是仔细一想,对方的话很有道理。暂且不论工会的做法是否偏激,如果日本没有工会,全靠资本家蛮横发展,日本就不会有今天的成绩。工会的存在有利于社会的发展、国家的发展、公司的发展,我在美国目睹了一切。

自此以后,我下定决心要改变对工会的偏见。每年按照工会要求上调工资,而且涨薪一定要比其他公司多。我打心底相信,工会的健康发展与国家社会的繁荣息息相关。

破坏国家和社会稳定的工会行为必须坚决反对，健全、有良知的工会活动的发展必须支持，健全的工会活动助推日本迅速向上发展。我怀着这种强烈的信念从美国回来，至今这一想法也没有改变。

因此，对于工会，我们希望他们诚心诚意地说该说的话，让人理解的话就说出来，该问的事情就不断地问下去，而且松下电器的工会是我国的模范工会。此外，我作为一个国民，衷心希望工会的健康发展不仅作用于松下电器，也推动全日本的产业发展。

我们要诚心诚意地对待松下电器的工会。公司有任何不妥当的地方，请大家尽管告诉我，我们好好商量，共同解决。

以上是我对工会的一些看法，今后这一方针也不会动摇。

回顾去年成绩的同时，我大致介绍了一下今年的部分方针。下面我再占用一点时间，就今年重点讨论的两三个问题再简单强调一下。

集结众人智慧，开展科学经营

除了上述方针之外，借此机会，我想提出以下三大目标。

第一个目标，刚才也提到过，就是开展科学经营。之前我们不是没有科学经营，但是那种经营主要依照既往经验来开展。今年的方针中我想特别强调科学经营的重要性，这一次的科学经营一定要基于科学调查研究，充分发挥经验和直觉的作用。

有一点我想特别强调，那就是科学经营与既往社会上流行的科学经营存在区别。

无论是国家、团体还是公司，都不应该以领导者一人的聪明才智独断经营。当然伟人、贤人具有令人崇敬的伟大才能，但是单凭领导者一人的智慧和才智来独断经营并不可行。独裁专制的国家即使可以发展一段时间，但是很快就会面临崩溃，这条路行不通。

所以哪种经营方式好呢？什么是最好的经营呢？答案是集结了众人智慧的经营。

人不是神也不是动物。虽然一个人的能力有限，但众人的智慧才华却像神一样力量巨大。全世界人民的智慧都凝结在一起的话，能量堪比上帝的智慧。所以越是站在中心位置的人，越要集结众人的智慧，使之发挥出最大效果，避免独断专行。

国家也好，团体也罢，这种经营方式必不可少。忽略二万五千名员工的智慧，公司很快就会陷入困境。依靠众人智慧的经营即所谓的"民主主义经营"，蕴藏着无穷无尽的智慧。

松下电器今后将依靠全体员工的智慧来经营。在座的各位都是各部门的负责人，更要调动整个部门的智慧。各位聪明睿智，才华横溢，即使这样也不可以一人专断。请大家团结部门成员，汇集全体员工的智慧和想法，做到了这一点，大家就宛如拥有了上帝的智慧，不仅能做出一番事业，还会促进社会的和平繁荣。松下电器的经营必须是这样的经营。

在集结众人智慧的基础上，科学开展分析也必不可少。科学经营就是以知识为前提，辅以科学的研究。虽然做起来很有难度，但是希望大家可以加深理解，有力推进研究，努力取得成功。

设立专门研究所，推进技术革新

第二个目标是技术革新。技术革新是我们的目标，也是一个棘手的难题，很难达成。公司各个层面都离不开技术革新。

为此，每个技术负责人都必须敢于尝试。每次遇到技术人员，我都会听到上司不理解、不支持研究的抱怨。很多都很有道理，上司的否定不代表不可行，大家一定要更加努力、恳切、诚恳地说明，以取得理解。

上级的意见有其道理。如果方案切实可行，一定要多向上级提出提案，技术工作不能单打独斗，在自主技术的基础上，以提案为中心不断积极改进。科长及其他上司不要被自己的想法束缚住，集结众人的智慧才能取得更好的成绩。

在众人智慧的基础上决定部门分工，积极推进技术革新，选拔合适的人才到海外进修学习，这样技术的革新会在公司内部自然而然地发生，海外的优秀技术也可以引入日本。松下电器必须不断进行技术革新，否则面对自由贸易的冲击，我们将难以与世界同行竞争。

首先，我们必须充实技术本部。现在中尾常务担任技术本部负责人一职，兼任中央研究所所长。各事业部可以根据需要成立专门研究所。综合研究所固然重要，但是隶属于各个事业部的研究部、技术部也是解决问题的重要组成部分。

其次，我还想专门开辟场所成立专门研究所。最近我就计划在东京成立独立的电学研究所，具体方案我会尽早敲定发布。

松下电器今后也会通过这种方式积极推进技术研发。技术本部下面成立多个专门研究所，事业部合并后研究所也会进行整合，不一定非得合并在一起，只发展壮大综合研究所。中央研究所的发展至关重要，专门研究所也必不可少。

这是从各个角度考虑的结果，今天时间有限，无法进一步展开说明细节，借此机会表明一下我的支持态度。

最后，设备的现代化迫在眉睫，这也是我们必须推进的重要任务。各位松下员工，尤其是技术、制造方面的专家，大家在设备采购上一定要勇敢，不要错过好的机会。无须顾忌公司资金够不够，公司一定会积极筹措资金，更新发展所需的各种设备，实现设备的现代化。

这不仅仅是为了公司，更是为了满足社会需求，所以我们一定要拿出勇气。好饭不怕晚，对于正确的举措，我一定会积极赞成，坚定执行。

松下电器的信誉度与日俱增

刚才回顾了既往的技术发展，可以看出松下电器研发部门的逐年成长。去年年末，南晋一、福田雅太郎两名员工顺利获得博士学位，其中一人是工学博士，值得我们为之庆贺。此外，还有四位员工的博士学位论文已经通过，等待发表。技术人员们也立足于技术革新快速成长，这值得庆贺。

公司现有大学毕业生及旧专科学校毕业的技术人员一千多人，今年还将有两百名大学毕业的技术人员加入公司。公司的技术阵营逐渐充实起来，我们更要结合周围环境、公司内部环境及技术人员的成长需求，推进新一轮的技术革新。大家比我的信心还足，目标的达成会更快。公司也会继续提出要求，实现更多目标。

这里我想说一件最近的开心事，因为员工的团结合作，松下电器的信用度逐年提高，各所大学纷纷推荐优秀毕业生入职，国立大学通过考试的方式推荐毕业生，推荐到松下电器的人才都是第一名到第六名的优秀人才，这是前所未有的情况。当然，成绩好不一定能力强，有些人学问很好，但实际业务不一定熟练，所以我们不能沾沾自喜。但是不管怎么说，越来越多优秀的人才加入松下电器，这一点值得我们共同庆贺。

失去了社会信用的公司不会有人问津。幸运的是,松下电器做得非常出色,没有出现大问题,表现始终优秀,吸引了更多优秀的伙伴加入公司。无论是对技术革新还是企业经营,这无疑是一件幸事。

谋求海外飞跃式发展

刚刚我谈到了科学经营和以后的技术革新,公司的另一个目标就是进军海外。

因为时间所剩不多,我只简单介绍一下进军海外的计划。正如前面所述,今后我们不仅要在日本一国范围内,还要在世界范围内有力推进工作。现在松下电器正在努力建立销售网络,有渠道的地方就自己建,没有渠道就委托有实力的贸易公司进行销售,借助其他公司的力量,将松下电器的产品输送到世界各个角落。

美国直营公司的成立就是自己建立销售网络的

一次尝试，当然这很难，但是不试一下怎么知道能否成功呢？经过各种尝试，终于今年在纽约成立了美国松下公司，希望可以获得成功。美国松下公司完全由松下电器出资，并未依靠任何外国资本。如果公司可以侥幸成功，这对公司的海外发展会有很大帮助。

做好了充分的思想准备，公司今年将进行科学经营探索，把技术革新贯彻到底。希望大家积极配合，不断提出创新方案。加上进军海外，这是公司今年的三大目标，希望可以顺利推进。因此我也决定不设具体的销售目标。为了做出这一决定，我考量了很久，只要按照上述内容和三大目标来做，销售额提升完全不成问题，具体的数额反倒不那么重要。

无论最终销售额是一千亿日元、九百亿日元，还是一千二百亿日元，这都是完成上述目标之后自然产生的结果，所以我想期待一下最终的数字。至少今年，我想这样尝试一下。上一个五年计划的目标是八百亿日元，最终我们用四年就完成了。今年我们准备得更加充分,我们不是伟人,也不是愚人,松下电器今年的目标是集结众人的智慧开展经营,销售额的具体数值让我们拭目以待。

今年是划时代的一年,特别是在推进这三大目标方面,我们每个人都要实现成长,不管是在思维方式方面还是技术方面,我们都要有所进步,这是非常重要的,否则松下电器的三大目标将难以实现。

我很庆幸松下电器的员工们为人谦逊,乐于接受建议,善于吸收海外优秀技术,齐心协力共求发展。我相信我们会实现伟大的发展,让我们共同期待最终的答案。今年年末我会公布最终结果,同时与大家共同分享五年来的成果。

时间有限,今后我也会寻找机会,与各位继续分享。希望大家今年关注健康,努力工作,团结一致,互帮互助,有效应对即将到来的贸易自由化、汇率自由化。今年公司不仅会取得飞跃式发展,还将以改善为基础大踏步前进。

虽然时间短暂,但是通过对上述经营方针的详细介绍，相信大家已经充分地理解了，请大家认真思考，向下属员工充分传达。我希望全体松下人携手前行，践行宝贵的生产使命。

谢谢大家！

> 松下电器1960年经营方针发布会
> 1960年1月10日
> 于松下电子工业福祉会馆（大阪）

松下幸之助生平年表

1894 年　11 月 27 日，出生于和歌山县海草郡和佐村
1904 年　小学中途退学，只身前往大阪做学徒
1910 年　作为内线员实习生入职大阪电灯公司
1915 年　与井植梅野结婚
1917 年　从大阪电灯公司辞职，尝试独立创业
1918 年　创办松下电气器具制作所
1923 年　设计发售炮弹形屯池式自行车灯
1927 年　发售贴有"National"商标的角型灯
1932 年　举办第一届创业纪念仪式，将这一年定为知命元年
1933 年　实施事业部制，确定松下电器应遵循的"五大精神"
1935 年　对松下电气制作所进行股份制改革，成立松下电器产业株式会社
1940 年　召开第一次经营方针发表会
1946 年　被指定为财阀家族，受到七项限制；创办 PHP 研究所，开始 PHP 研究
1949 年　被报道为"税金滞纳大户"
1952 年　与荷兰飞利浦公司达成技术合作意向
1955 年　收入排名日本第一
1961 年　辞去松下电器社长一职，就任会长
1964 年　举办热海会谈
1972 年　出版《思考人类》，倡导"新人类观"
1973 年　辞去会长一职，就任顾问
1977 年　出版《我的梦，日本梦　21 世纪的日本》，描绘了日本的未来图景
1979 年　创办松下政经塾，就任理事长兼塾长
1983 年　创立"思考世界的京都座谈会"，出任会长
1987 年　获得勋一等旭日桐花大绶章
1989 年　4 月 27 日去世，享年 94 岁

图书在版编目（CIP）数据

路人也是顾客 /（日）松下幸之助 著；艾薇 译．
北京：东方出版社，2025．8．——ISBN 978-7-5207-4442-3

Ⅰ．F715

中国国家版本馆 CIP 数据核字第 2025WB7683 号

MICHI YUKUHITO MO MINA OKYAKUSAMA By Konosuke MATSUSHITA
Copyright © 1996 PHP Institute, Inc.
All rights reserved.
First original Japanese edition published by PHP Institute, Inc., Japan.
Simplified Chinese translation rights arranged with PHP Institute, Inc.
through Hanhe International (HK) Co., Ltd.

本书中文简体字版权由汉和国际（香港）有限公司代理
中文简体字版专有权属东方出版社
著作权合同登记号 图字：01-2024-1470 号

路人也是顾客
（LUREN YE SHI GUKE）

作　　者：［日］松下幸之助
译　　者：艾　薇
责任编辑：刘　峥
责任校对：金学勇
封面设计：李　一
出　　版：东方出版社
发　　行：人民东方出版传媒有限公司
地　　址：北京市东城区朝阳门内大街 166 号
邮　　编：100010
印　　刷：北京联兴盛业印刷股份有限公司
版　　次：2025 年 8 月第 1 版
印　　次：2025 年 8 月第 1 次印刷
开　　本：787 毫米 ×1092 毫米　1/32
印　　张：7.75
字　　数：110 千字
书　　号：ISBN 978-7-5207-4442-3
定　　价：52.00 元
发行电话：（010）85924663　85924644　85924641

版权所有，违者必究
如有印装质量问题，我社负责调换，请拨打电话：（010）85924602　85924603

作为全球知名企业家，松下幸之助曾经影响了不止一代经营者，其经营理念、人生哲学备受全球读者推崇。伴随我国经济社会不断发展，中小企业越来越活跃，其对学习如何经营企业的需求愈发旺盛。为满足众多企业家的阅读需求，我社与松下幸之助先生创办的 PHP 研究所开展战略合作，将继续引进 PHP 珍藏书系。已出版发行的《天心：松下幸之助的哲学》等 20 多种图书备受欢迎。

已出版的松下幸之助经典作品

①《道：松下幸之助的人生哲学》

松下幸之助人生智慧的总结，畅销 566 万册的代表作。告诉我们如何提升人格，如何提高效率，如何做出正确决定，如何获得价值感，如何面对困境和挑战，如何建立自信，如何培养坚定信念和独立精神，如何与人、组织、国家、社会协调关系，从而走上正确的、宽广无限的道路，度过美好人生！

②《天心：松下幸之助的哲学》(平装)(精装)(口袋版)

天心是松下幸之助人生和经营思想的原点，是他勇夺时代先机、实现制度和技术创新的秘诀，更是广大读者学习"经营之神"思维方式的必读书。

③《成事：松下幸之助谈人的活法》

做人做事向往美好，从善的角度思考。想方设法做成事的强烈热情是创造的源泉。

④《松下幸之助自传》

松下幸之助亲笔所书的唯一自传,完整讲述其成长经历和创业、守业历程。精彩的故事中蕴含着做人做事的深刻道理。

⑤《拥有一颗素直之心吧》

素直之心是松下幸之助经营和人生理念的支点和核心。素直之心是不受束缚的心,是能够做出正确判断的心,一旦拥有素直之心,无论经营还是人际关系抑或其他,都会顺利。

⑥《挖掘天赋:松下幸之助的人生心得》

松下幸之助遗作、90岁成功老人对人生的回顾与思考,凝聚一生感悟。充分挖掘自身天赋、发挥自身潜能,才能度过充实而精彩的人生。

⑦《如何工作:松下幸之助谈快速成为好员工的心得》

怎样快速成为一名好员工?松下幸之助在三部分内容中分别面向职场新人、中坚员工、中高层管理者三类人群有针对性地给出中肯建议。

⑧《持续增长:松下幸之助的经营心得》

如何在艰难期带领企业突围和发展?松下幸之助结合自身半个世纪的实践经验,从经营和用人两方面道出带领企业在逆境中稳步发展的真髓。

⑨《经营哲学:松下幸之助的20条实践心得》

一家企业想做久做长离不开正确的经营理念,"经营之神"

松下幸之助基于自身五十多年的实践经验指出，坚持正确的经营理念是事业成功的基础和必要条件。

⑩《经营诀窍：松下幸之助的"成功捷径"》

企业经营有其内在规律，遵循经营的规律、把握其中的诀窍至关重要。松下幸之助在书中分享了自己经营企业五十多年间积累下的37条宝贵心得。

⑪《抓住商业本质：松下幸之助的经商心得》

企业要少走弯路，就得抓住商业本质，遵循基本逻辑。本书凝聚了一位国际知名企业家对商业本质和企业经营规律的深刻理解。

⑫《应对力：松下幸之助谈摆脱经营危机的智慧》

松下电器自成立以来经历了战争、金融风暴等重大危机，卓越的应对力使其在逆境中实现成长。应对力是帮助企业摆脱困境的法宝，是领导者的必备素养。

⑬《精进力：松下幸之助的人生进阶法则》

精选松下幸之助讲话中的365篇，可每日精进学习其对人生和经营的思考。

⑭《感召力：松下幸之助谈未来领导力》

感召力是一种人格魅力，是面向未来的最有人情味的领导力，本书旨在帮助有理想的普通人提升感召力。

⑮《智慧力：松下幸之助致经营者》

讲述了满怀热情、肩负使命、坚守正道、成就尊贵人生的智慧。

⑯《道路无限》

松下幸之助人生哲学经典读本，写给青年的工作和人生忠告。改变了无数人命运的长销书，20年间重印高达78次。

⑰《开拓人生》

松下幸之助创作的人生随想集，作者随时想到随时记录下的人生思考。针对当下社会内卷，赋能人心，带来治愈、激励和力量。

⑱《员工必修课》

员工的活法和干法。收录了松下幸之助对松下电器内部员工和外部青年人士的讲话，核心观点是"员工自主责任经营"，强调每位员工都是自己岗位、自己工作的老板和主人翁。

⑲《领导者必修课》

"经营之神"松下幸之助经常带在身边的学习用书，领导者必备的教科书。松下幸之助从古今中外的众多历史人物和历史事件中精选了101条杰出领导者应具备的素养。

⑳《重要的事》

松下幸之助人生哲学精华集，青年必读经典读本。松下幸之助一生经验和心得的总结，辅以温暖治愈系插画，用轻松易读的形式呈现人生智慧。

㉑《更重要的事》

松下幸之助给年轻人的嘱托，青年必读经典读本，图文并茂。针对年轻人普遍烦恼的人生和工作的价值、人际关系、责任心、对未来的迷茫等问题解疑答惑。

㉒《为人父母重要的事》

介绍松下幸之助具有代表性的育人理念，精选与教养、教育、人才培养、人生活法、思维方式等相关的讲话和著述，汇编成册。针对父母们普遍烦恼的鸡娃、亲子关系等问题解疑答惑。

㉓《水库式经营》

水库式经营是松下幸之助的经营实学的核心理念。它是日本"经营之圣"稻盛和夫在《活法》中提到的经营理念，是其"人人都是经营者""在经营上留有余裕"理念之缘起与思想原点。

㉔《必须赢利》

世界500强企业松下电器创始人松下幸之助的经营实学，讲述企业经营中的实际问题，实操、具体。书中深入阐述了销售与竞争、中小企业困境、企业出海等问题。

㉕《顺时而动》

世界500强企业松下电器创始人松下幸之助的经营实学，讲述企业经营中的实际问题，实操、具体。书中深入阐述了企业如何应对经济衰退问题。